Hans Christian Meiser
7:30 – Die Minute Ihres Lebens

Hans Christian Meiser

7:30
DIE MINUTE IHRES LEBENS

Wie nur 60 Sekunden am Tag
Sie positiv verändern

Allegria

Der Verlag hat die Quellenlage mit größter Sorgfalt recherchiert und die Nennung der Rechteinhaber dementsprechend vorgenommen. Sollte dennoch eine Textpassage nicht ausreichend als Zitat gekennzeichnet worden sein, bittet der Verlag um einen entsprechenden Hinweis des Rechteinhabers.

Der Abdruck der Texte von Eugen Drewermann erfolgt mit freundlicher Genehmigung des Autors ebenso wie der Abdruck des Gedichts von Hans Kruppa.

Die paradoxen Gebote Seite 199f. zitiert aus Kent M. Keith, Anyway. Die paradoxen Gebote
Übersetzung: Hans Christian Meiser
© 2013, Irisiana Verlag, München, in der Verlagsgruppe Random House GmbH

Allegria ist ein Verlag der Ullstein Buchverlage GmbH

ISBN 978-3-7934-2299-0

© 2016 by Ullstein Buchverlage GmbH, Berlin
Lektorat: Vera Baschlakow
Umschlaggestaltung: X-Design, München
Innenillustrationen:
© fotolia: polygraphus, jihane37 und val_iva
Satz: Keller & Keller GbR
Gesetzt aus der Minion
Druck und Bindearbeiten: CPI books GmbH, Leck
Printed in Germany

INHALT

Einladung an meine Leserinnen und Leser 7

VORWORT 13
Das Universum und der Granatapfel

1 ES IST ALLES NUR GELIEHEN 17
Die unsichtbare Präsenz der Endlichkeit: Über Werden und Vergehen sowie das Finden der Lebensfreude

2 VON DER KÜRZE DES LEBENS 30
Über Krieg und Frieden oder: Warum wir nicht die Welt, sondern uns verändern sollten

3 ÜBER DIE GLÜCKSELIGKEIT 45
Glaube, Ewigkeit und die Entdeckung der Lust

4 TRAKTAT ÜBER DIE MUSSE 57
Gelassenheit als Ausdruck einer kulturell-geistigen Entwicklungsstufe

5 SONNENGESANG 70
Die Verehrung des Daseins: Über Demut, Bescheidenheit und die Hybris des Menschen

6 DIE ZEIT, DIE UNS ZUM LEBEN BLEIBT I 85
Life is grand

7 MITGESCHÖPFLICHKEIT 92
Die freundschaftliche Verbundenheit mit allem, das lebt

8 LANGSAMKEIT ALS LEBENSELIXIER 103
Plädoyer für eine achtsame Entschleunigung

9 WERTEWANDEL 113
Warum nichts bleibt, wie es ist

10 SEID UMSCHLUNGEN, MILLIARDEN 123
Was aus allen Menschen, die bis heute leb(t)en,
wurde und wird

11 DIE KUNST DER SELBSTTRANSZENDENZ 136
Wie wir mehr werden, als wir sind

12 DIE ZEIT, DIE UNS ZUM LEBEN BLEIBT II 147
Love, freedom & peace

13 ALS OB ES KEIN MORGEN GÄBE 153
Von der Kunst des Seins im Jetzt

14 IM SPRECHEN SCHWEIGEN 165
Die Tugend des Zuhörens

15 GEBOREN, UM ZU STERBEN 176
Über die Einheit von Leben und Tod

16 DIE WEISSEN FESTE VON MYKONOS 186
Völkerverständigung im Welt-Eros

17 AM ANFANG WAR, AM ENDE BLEIBT DAS STAUNEN 198
Die Suche nach dem Sinn des Lebens führt zum Ausgangspunkt zurück

18 DIE ZEIT, DIE UNS ZUM LEBEN BLEIBT III 209
Warum die Frucht keine Sünde ist

NACHWORT 215
Kleopatra und der Mond

ANHANG 218
18 Affirmationen für Die Minute meines Lebens

Einladung an meine Leserinnen und Leser

Bedenke immer, dass nichts bleibt, wie es ist, und alles vergeht – deshalb sei achtsam mit dem, was Dein ist, und genieße, was dir geschenkt wurde. Erkenne, dass dein Leben einzigartig ist und dass du nur dieses eine hast. Mach das Beste daraus – für dich und andere. Endecke die Lust am Leben neu!

Dies ist mein Credo, nach welchem ich lebe, seitdem ich mich mit der Endlichkeit beschäftige. Um aber mit dieser Einsicht auch umgehen zu können, habe ich ein Rezept entwickelt, das ich hier an Sie weiterreichen möchte. Es ist eigentlich ganz einfach. Wenn Sie nun erfahren, wie ich das bewerkstellige, dann wird es auch für Sie keine Schwierigkeit sein, sich jeden Tag auf diese besondere Minute zu freuen, die nur Ihnen gehört.

Fragen Sie sich einmal, was Sie täglich alles zu erledigen haben. Sie müssen die Kinder schulfertig machen, den Partner verabschieden, Ihren Haushalt erledigen, zur Arbeit fahren, einkaufen, Kollegen treffen, Familienmitglieder umsorgen, Rechnungen bezahlen, handschriftlich oder elektronisch mit anderen kommunizieren, das Abendessen vorbereiten, bügeln und vieles mehr – und all dies über Jahre hinweg. Wenn Sie sich bewusst machen, wie wenig Zeit für Sie selbst bleibt, müssten Sie sich eigentlich bewundern, wie Sie all dies schaffen. Obwohl Sie erfolgreich in Ihrem Alltag funktionieren, bleibt dabei vieles auf der Strecke, vor allem

7:30 Die Minute Ihres Lebens

Ihre geistige und seelische Entwicklung, da Ihnen keine Zeit zur Reflexion über *die Dinge des Lebens* gegeben ist.

Dieses Buch hilft Ihnen dabei, eine andere Perspektive auf Ihr Leben und die Welt zu entwickeln. Es möchte Anregungen geben, um Lösungen für Probleme zu finden, die Sie schon seit Langem beschäftigen, auch dann, wenn Sie gerade in einer Krise stecken oder eine solche eben erst überwunden haben. Oft aber haben wir einfach nicht genügend Zeit für langwierige Meditationen oder andere nützliche geistige Übungen. Doch *eine* Minute, die Sie erübrigen können, gibt es immer. Diese eine Minute am Tag gehört nur Ihnen – sie ist kostbare Zeit. Es sind Ihre höchstpersönlichen 60 Sekunden, in denen Sie ganz bei sich und niemand anderem sind.

Ich wende diese Methode schon seit einigen Jahren an, um bei Stress und anderem Negativen Abhilfe zu schaffen. Sie hilft mir, das Alltägliche zu bewältigen *und* mich gleichzeitig geistig und seelisch weiterzuentwickeln, damit mich nicht eines Tages das Gefühl beschleicht, etwas versäumt zu haben. Ich nenne mein Vorgehen **DIE MINUTE MEINES LEBENS**.

Es ist jene Zeit, in der ich am besten mit mir selbst kommunizieren kann. Das Geschehen des gestrigen Tages ist schon verarbeitet, und das, was kommen wird, ist noch nicht eingetreten. Daher ist für mich 7.30 Uhr der geeignete Moment: Ich war im Bad und werde gleich frühstücken. Aber zuvor setze ich mich eine Minute lang bequem auf mein schon gemachtes Bett oder an einen Tisch und konzentriere mich in einer Kurzmeditation jeweils auf einen besonderen Gedanken, mit dem ich mich schon länger beschäftigt habe.

Wenn Sie mögen, können Sie jeweils am Abend ein Kapitel aus diesem Buch lesen. Am nächsten Morgen suchen Sie in Ihrer Wohnung einen Ort auf, an dem Sie nicht abgelenkt sind, und sprechen in bequemer Kleidung die betreffende Inspiration 60 Sekunden lang leise vor sich hin, damit Ihr Unterbewusstsein sie verinnerlicht. Geistig und seelisch gestärkt, führen Sie Ihrem Körper dann gesunde Nahrung zu und können erquickt Ihr Tagwerk beginnen.

Am Abend können Sie dann notieren, was Sie mit diesem spirituellen Gedanken erlebt haben, wie er Ihr Tun beeinflusst und Ihre Handlungen geprägt hat. Anschließend lesen Sie den Text des nächsten Kapitels und beginnen am folgenden Morgen Ihren Tag in derselben Weise wie oben beschrieben, das heißt, Sie widmen sich zu einer bestimmten Uhrzeit für eine Minute der Affirmation des gestrigen Abschnitts. Wenn Sie dies nur achtzehn Tage lang durchhalten, werden Sie ohne Zweifel positive Veränderungen in Ihrem Leben feststellen, die Ihnen ganz neue Perspektiven und ungeahnte Wege aufzeigen. Zu jeder Affirmation gibt es eine Übung, die das Gesagte zusätzlich noch verstärkt und die Sie unabhängig von der morgendlichen Kurzmeditation machen können, wann immer Sie möchten.

Wollen Sie das gesamte Programm noch intensiver praktizieren, können Sie sich für jedes Kapitel eine Woche lang Zeit lassen und die dazugehörende Inspiration, die gleichzeitig eine geführte Kontemplation ist, jeweils sieben Tage lang vollziehen.

Es muss freilich nicht Punkt 7.30 Uhr sein, dass Sie sich in der Meditation ganz auf sich selbst konzentrieren (*meditieren* bedeutet, »in der Mitte zu sein«). Wichtig ist allerdings, dass diese Art der Seelenhygiene am frühen Morgen, nach dem Aufwachen und vor dem Frühstück, stattfindet. Ich bin sicher, dass Sie einen geeigneten Moment finden, die Meditation in Ihren Morgenablauf einzubauen. Es handelt sich schließlich nur um 60 Sekunden. Die verinnerlichten Gedanken sind, wie Sie bald merken werden, von sehr gro-

7:30 Die Minute Ihres Lebens

ßer Tragkraft und in der Lage, Sie in gutem Sinne nachhaltig zu beeinflussen.

Wenn Sie die achtzehn Lebensleitlinien oder Impulse, die in jedem Kapitel vorgestellt werden, nachvollzogen haben, werden Sie eine innere Erneuerung feststellen. Sie werden sich reifer, überlegener, klarer fühlen und Probleme anders angehen als zuvor. Sie werden gelassener sein und sicherlich auch gerechter.

Am Ende eines jeden Kapitels finden Sie unter *INSPIRATION* eine kurze Zusammenfassung des zuvor Gesagten und einen Hinweis darauf, was dies mit Ihrer gegenwärtigen Situation zu tun haben könnte, danach folgt, wie beschrieben, die Affirmation oder geführte Kontemplation (**DIE MINUTE MEINES LEBENS**) und schließlich noch eine *ÜBUNG*, die Sie durchführen können, wenn Sie mögen, um die jeweilige Lebensrichtlinie zu vertiefen.

Meine existenzialistische Philosophie der Lebensfreude, die der Erkenntnis entspringt, dass unsere Zeit auf Erden nicht ewig währt, bewegt sich zwischen dem *Memento mori* (»Bedenke, dass du sterblich bist«) und dem *Carpe diem* (»Nutze den Tag«). Wenn wir ihr folgen, wird uns bewusst, dass

- wir selbst es sind, die unser Schicksal gestalten,
- nichts so schlimm ist, wie es aussieht,
- nichts bleibt, wie es ist (auch nicht das Negative),
- mit einer heiter gestimmten Seele »alles wie von selbst geht«,
- wir uns genau überlegen sollten, wie und mit wem wir die Tage, die uns zur Verfügung stehen, verbringen möchten,
- das Leben gerade wegen seiner Begrenztheit zu feiern ist.

Einladung an meine Leserinnen und Leser

Dieses *Feiern* bedeutet aber *nicht*, sein Dasein als Dauerparty zu gestalten. Es meint vielmehr, zu verstehen und nachzuvollziehen, dass Glück darin besteht, das Schöne auf der Erde erfahren zu dürfen – von den positiven zwischenmenschlichen Erlebnissen, der Mitgeschöpflichkeit bis hin zur beglückenden Begegnung mit der Natur. Nur allzu oft sind wir in die »Dinge des Alltags« verstrickt, sodass wir gar nicht mehr sehen und verstehen können, was es im Leben an Wunderbarem zu entdecken gibt – sofern wir uns dafür öffnen.

Da aber leider nicht nur das Positive existiert, sondern auch dessen Gegenteil, möchte dieses Buch Ihnen gern zeigen, wie man es schaffen kann, sich dem Negativen zu entziehen und es zu überwinden – auch in sich selbst. Hierzu greife ich auf die altgriechische Vorstellung der *Sophrosyne* zurück, auf die »heitere Gelassenheit der Seele«. Sie verbinde ich einerseits mit der Haltung der Stoa, der römischen Schule der Unerschütterlichkeit gegen alle Unbilden des Lebens, deren Hauptvertreter Seneca war. Zugleich verknüpfe ich sie auch mit der buddhistischen Vorstellung des Mitgefühls für jede Kreatur, sodass wir hieran erkennen und erfahren, wie wertvoll Leben ist.

Aus dieser besonderen Melange kann eine befriedigende Geisteshaltung entstehen, der es gelingt, die Fülle des Lebens jeden Tag zu erfahren und zu feiern – und jedes Erleben immer wieder freudig erstaunt wahrzunehmen wie beim allerersten Mal. Genau das ist es, was Ihnen diese eine Minute, die Sie jeden Tag nur für sich in Anspruch nehmen, schenken wird. Sie werden dabei merken, dass Sie mehr sein können, als Sie sind. Ich wünsche Ihnen dabei schöne Erkenntnisse sowie eine Steigerung Ihrer Lebensfreude und damit der Qualität Ihres Daseins.

7:30 Die Minute Ihres Lebens

*Erde, du liebe, ich will. Oh glaub, es bedürfte
nicht deiner Frühlinge mehr, mich dir zu
gewinnen – einer,
ach, ein einziger, ist schon dem Blute zu viel.
Namenlos bin ich zu dir entschlossen, von weit her.
Immer warst du im Recht, und dein heiliger Einfall
ist der vertrauliche Tod.*

*Siehe, ich lebe. Woraus? Weder Kindheit noch
Zukunft
werden weniger......Überzähliges Dasein
entspringt mir im Herzen.*

Rainer Maria Rilke

Vorwort

Das Universum und der Granatapfel

Das menschliche Dasein ist sonderbar. Mit unglaublicher Verbissenheit versuchen wir von Kindesbeinen an, das, was wir für erstrebenswert halten, zu erreichen. Das gilt privat ebenso wie beruflich. Wir sind dabei oft wie besessen von der Vorstellung, dass wir ohne das Erreichen des Zieles wertlos wären. Deshalb mobilisieren wir alle uns zur Verfügung stehenden Kräfte, um uns durchzukämpfen – bis wir das Gewünschte haben. Sind wir an diesem Punkt angelangt, ereilt uns aber nicht selten ein böses Erwachen. Plötzlich merken wir, dass unsere Anstrengungen doch nicht zum angestrebten Erfolg führten oder, noch schlimmer, dass wir für unseren Sieg einen sehr hohen Preis zahlen mussten. Das Ansteigen der Burn-out-Fälle durch Überlastung ist mittlerweile schon Legion. Offenbar ist es en vogue, gestresst zu sein. Wie oft hören wir Sätze wie: »Lass uns das später besprechen, ich habe jetzt keine Zeit!« »Ich bin total gestresst!« »Ich muss noch so viel erledigen« »Ich bin heute total durchgetaktet.« Kommt Ihnen das bekannt vor?

Ist jemand nicht gestresst, erscheint er uns verdächtig. Weshalb wir, aber er nicht? Hat er geerbt? Ist er arbeitslos? Ein nicht gestresster Mensch passt nicht in unser Weltbild, das davon ausgeht, dass wir immer mehr in immer schnelleren Zeitabläufen erreichen müssen, ständig zur Verfügung zu stehen haben und geistig wie emotional ohne Unterbrechung online sein sollen. »Du scheinst ja viel Zeit zu haben!«,

7:30 Die Minute Ihres Lebens

sagen wir dann mit einer unterschwelligen Verachtung, weil wir meinen, keine Zeit zu haben sei wesentlich besser. Aus einer solchen Lebensauffassung entsteht Stress – und dieser ist die Voraussetzung für *alle* Krankheiten. Man könnte es auch anders formulieren: Es gibt keine Erkrankung, deren Grundlage *nicht* eine Fehlauffassung des richtigen Lebens wäre.

Mit diesem Buch möchte ich bei Ihnen ein Verständnis dafür schaffen, dass Ihr Leben absolut einmalig ist und Sie es nicht falschen Zielen opfern sollten. Ich möchte Ihnen dabei helfen, zu sich zu finden, damit Sie in sich ruhen können und aus der Kraft der Ruhe heraus zur Vervollkommnung Ihrer Seele finden. Die Voraussetzung dafür heißt *Gelassenheit*. Sie können dieses Wort auch mit zwei Bindestrichen versehen, dann sieht es so aus: *Ge-lassen-heit*. Und schon verstehen Sie, dass es dabei darum geht, das Unnötige gehen zu lassen, es zu meiden, um für das Nötige mehr Kraft zu haben. Was aber ist das Nötige? *Sie selbst sind es!*

Das sollte nun wiederum nicht mit Egoismus verwechselt werden. Philosophisch ausgedrückt: Nur dann, wenn wir mit uns selbst selbig sind, sind wir auch in der Lage, uns um andere zu kümmern und ihnen das zu geben, was sie wirklich benötigen. Dies wiederum wirkt sich positiv auf uns aus.

In Walt Disneys Zeichentrickversion des Werkes *Das Dschungelbuch* von Rudyard Kipling taucht neben dem Findelkind Mogli der Bär Balu auf, der als väterlicher Freund dem Kleinen hilft, aus dem Dschungel in die Welt der Menschen zurückzufinden. Sein Rezept gegen alles, was sich ihm in den Weg stellt, heißt Ruhe und Gemütlichkeit; darauf beziehen sich auch die Worte des berühmtesten Songs aus dem Musical: »*Probier's mal mit Gemütlichkeit ...*«

Ruhe und Gemütlichkeit sind der seelische Ausdruck jener geistigen Haltung, die als Gelassenheit beschrieben wird.

Vorwort

In den kommenden Kapiteln werden wir einen genaueren Blick auch darauf werfen.

Zunächst aber möchte ich von einer Begebenheit berichten, die sich vor etwa zwei Jahren zugetragen hat. Ich sah im Fernsehen eine Dokumentation über die Entstehung des Universums, die mich sehr beeindruckte. Am nächsten Morgen bereitete ich mir wie immer mein Müsli zu, in das ich stets etwas frisches Obst schneide. Als ich den Granatapfel, den ich zu den diversen Flocken hinzugeben wollte, in der Hand hielt, seine Schale berührte und ihn öffnete, stieg folgender Gedanke in mir auf: Granatäpfel gibt es im gesamten Universum vermutlich nur auf unserer Erde. Und ich habe das unglaubliche Glück, diese wunderbare Frucht in diesem Moment in den Händen zu halten und bald ihren Geschmack kosten zu dürfen. Weshalb war mir das nicht schon früher aufgefallen?

Weshalb hatte ich den Granatapfel einfach nur als simples, wenngleich exotisches Obst angesehen, das man im Supermarkt kaufen kann?

Plötzlich begriff ich: Was ich in der Hand hielt, war ein Ausdruck des Lebens selbst. Und mir wurde ebenso klar, dass auch ich ein Ausdruck des Lebens bin. Und nicht nur ich, sondern alle Menschen. Und nicht nur diese, sondern überhaupt alles, was ist.

Als ich den Granatapfel öffnete, sah ich die etwa vierhundert (!) Samenkörner. Ich musste an ein Sprichwort denken, das mir einmal von einer Freundin aus Istanbul zugetragen worden war: »*Ich öffnete einen – und fand darin viele.*« Bezog sich dieser Gedanke nicht auch auf das Leben an sich? Weshalb, so dachte ich, sehen wir immer nur einen Bruchteil dessen, was ist, und schließen das andere kategorisch aus? Warum merken wir nicht, welche unglaubliche Fülle uns alles Seiende beschert? Warum verschließen wir uns der Begegnung mit anderem, Fremdem, mit dem Unbekannten an sich, anstatt uns von ihm bereichern zu lassen?

Und ich fragte mich weiter: Warum setzen wir so viel daran, das, was ist, und das, was lebt, zu zerstören, wo es doch im Universum absolut einmalig ist? Verstehen wir denn nicht, dass wir in die *Fülle des Lebens* hineingeboren sind, damit wir an ihr teilhaben können? Wir begreifen es offenbar nicht (oder nur wenige von uns) und verbringen unsere achtzig, neunzig oder, mittlerweile immer öfter, hundert Jahre auf der Erde damit, uns über *das Leben* oder seine *Ungerechtigkeit* zu beschweren.

Ein Granatapfel also war es, der mich lehrte, dass ich das Dasein anders zu betrachten und die Lust am Leben wieder neu zu entdecken hatte, wollte ich mich nicht dem Heer der Jammernden anschließen. Wie ich das tat und warum dies mit der Kunst einhergeht, alles so zu erleben, als wäre es das erste, aber irgendwann auch das letzte Mal, darüber möchte ich Ihnen berichten.

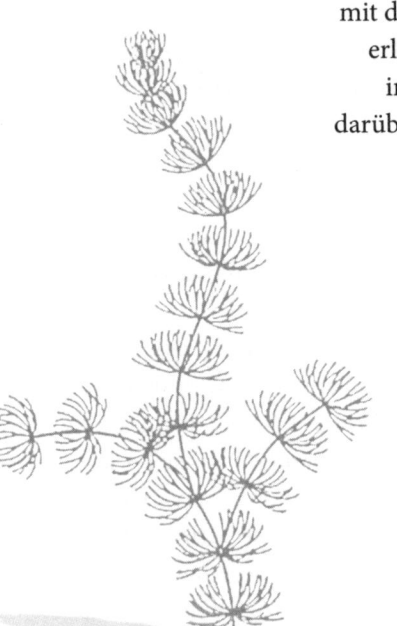

1
Es ist alles nur geliehen

Die unsichtbare Präsenz der Endlichkeit:
Über Werden und Vergehen
sowie das Finden der Lebensfreude

Den Schlussgedanken des Vorworts möchte ich am Beginn dieses Kapitels noch einmal aufgreifen. Das Universum ist etwa vierzehn Milliarden Jahre alt, während unsere Erde ein Alter von ungefähr fünf Milliarden Jahren aufweist. Wenn man bedenkt, dass deren Zukunft vom Lebenszyklus der Sonne abhängt, kann man davon ausgehen, dass unser Planet weiterhin fünfhundert Millionen Jahre bewohnbar bleiben wird. Dabei spielt es keine Rolle, ob es die Menschheit dann noch gibt. Begreift man nun seine eigene Vergänglichkeit und die Tatsache, dass wir bislang nur in Ausnahmefällen mehr als hundert Jahre alt werden, ist es erstaunlich, dass wir unsere – im Vergleich zum Rest des Alls – geringe Lebenszeit nicht anders verbringen, als wir es in der bisherigen Geschichte der Menschheit erleben mussten. Wir werden geboren, erlernen etwas, arbeiten, schaffen Fortschritt, häufen Güter an, sorgen für Nachwuchs, werden alt und sterben – und dies in jeder Generation von Neuem.

Ist diese *conditio humana* aber nicht etwas sehr Begrenztes? Muss das so sein? Natürlich können wir darüber spekulieren, dass es Paralleluniversen gibt, in denen wir noch einige Male zusätzlich existieren, aber dieser schöne Gedanke hilft uns hier wenig. Wenn diese Begrenzung also ein verstörender Gedanke ist, weshalb verbringen wir dann die

7:30 Die Minute Ihres Lebens

uns hier geschenkte Zeit nicht mit etwas Sinnvollem? Wieso führen wir nach wie vor Kriege, haben Machtansprüche, versklaven andere oder versuchen, sie mit Gewalt von der Richtigkeit unseres Systems zu überzeugen? Nur weil der Mensch dem Menschen seit Anbeginn ein Wolf ist – wie der römische Komödiendichter Plautus schrieb? Im Gegensatz zum Menschen ist der Wolf harmlos, denn er agiert nur gemäß seiner Natur. Der Mensch aber verhält sich – als einziges Lebewesen übrigens – wider seine Natur. Und das, obwohl er doch wissen müsste, dass alle seine Anstrengungen angesichts der Vergänglichkeit nutzlos sind.

Es ist die unsichtbare Präsenz der Endlichkeit, der Vergänglichkeit, die hier zum Tragen kommt: Alles, was entsteht, wird wieder vergehen, alles, was wir haben, werden wir eines Tages wieder verlieren, einschließlich unseres eigenen Lebens.

Ist dann alles vergebens, null und nichtig? Klappe zu, Affe tot? An diesem Punkt ist es sinnvoll, über das Dasein an sich nachzudenken. Gelänge es uns, unseren Körper zu verlassen und uns von außen zu betrachten, dann könnten wir vielleicht ahnen, was »Leben« bedeutet. Wir würden erkennen, dass Leben, Da- und Hiersein, Existenz viel mehr als unser körperliches Sein meint, und dabei sehen, wie wertvoll Leben ist.

Dieses Wertvolle haben wir alle schon einmal erlebt oder erkannt, etwa bei der Begegnung mit einem besonderen Menschen, während einer Krankheit oder beim Betrachten der Natur. Hier spüren wir die Kraft des Lebens an sich, die Energie des Seins, die sich an uns, den Seienden, auswirkt. Hier erkennen wir, dass sich etwas Größeres hinter all dem, was wir sehen und was uns widerfährt, verbirgt. Die religiöse Sprache nennt dies »Gott«, die Vernunft »Schicksal«, und das Gefühl macht etwas ganz Spezielles daraus, das nicht in Worte zu fassen ist. Im Umkehrschluss aber können wir gerade dann auch die Endlichkeit erfahren und darüber nachdenken, dass alles, in das wir positiv wie negativ eingebunden sind, vergehen wird. Wir sind einem »Nie mehr – nie wieder« ausgeliefert. In diesem Moment können wir die Geburt ebenso begreifen wie den Tod, während wir zu erkennen vermögen, dass wir Teil eines unbegreiflich großen Ganzen sind. In diesem sind wir sowohl wichtig , weil ohne uns das Ganze in jeder Beziehung anders wäre, aber auch völlig unwichtig, weil sich das Universum auch ohne uns immer weiter ausdehnen wird.

Wenn uns also bewusst ist, dass wir sowohl werden als auch vergehen, können wir dann überhaupt noch so etwas wie Freude empfinden? Schließlich verschwindet ja alles Werdende irgendwann. Oder sollten wir uns gerade deshalb über das, was uns nur für kurze Zeit geliehen ist, besonders freuen – eben weil es endlich ist? Vielleicht müssen wir auch angesichts der Vergänglichkeit von allem verzweifeln, weil ja eigentlich nichts mehr Sinn hat und macht? Genau über dieses Thema wollen wir uns in diesem Buch unterhalten. Es geht dabei vor allem darum, wie wir trotz oder gerade wegen der Vergänglichkeit die *Lust am Leben* neu entdecken können – so wie es mir geschah, als ich den Granatapfel öffnete.

Der Dichter Hans Kruppa verfasste anlässlich meines fünfzigsten Geburtstages ein Gedicht, das bis heute meinen Schreibtisch ziert, da sein Inhalt genau das wiedergibt, was ich in meinem Leben anstrebe.

Dank seines Einverständnisses möchte ich es hier nun zitieren:

7:30 Die Minute Ihres Lebens

Ich wünsche dir Glück,
deinem Herzen Liebe,
deiner Seele Höhenflüge,
deinem Leben den besten Weg,
deinem Denken Weisheit
und deinem Handeln Mut.
Und ich wünsche dir Zeit,
denn sie ist der Atem der Freiheit.

Was bedeutet dieses Gedicht für unser Buch? Ein kleiner Zusatz: Ich schreibe hier »unser«, weil es jetzt auch Ihr Buch geworden ist. Durch Sie habe ich es überhaupt erst schreiben können. Das bedeutet, dass Sie als Angesprochener mir diese Ansprache erst ermöglicht haben. Dieser Gedanke wird später noch einmal wichtig werden. Lassen Sie uns aber zuvor einige Überlegungen zu den einzelnen Begriffen des kruppaschen Gedichts anstellen.

Glück

Meist verstehen wir nicht, dass wir schon durch die Tatsache, zu leben und alles, was es gibt, erfahren zu dürfen, glücklich sein können. Denn oft genug meinen wir, Glück wäre entweder etwas, das uns zufällt, das also zufällig geschieht wie etwa ein Lottogewinn, oder aber etwas, für das man hart arbeiten müsse.

Ich behaupte, dass Glück die Grundvoraussetzung des Lebens ist. Nicht nur, weil es ein schier unglaublicher Zufall war, dass das Leben sich auf der Erde entwickelte, sondern es war genauso ein unglaublicher Zufall, dass sich aus der Fülle von Menschen eine Frau und ein Mann kennenlernten und unsere Eltern wurden. Deshalb ist es möglich, dass wir nun das, was ist und sein wird, kennenlernen. Der Sänger Pharell Williams (*Happy*) sagt dazu, dass ein jeder Mensch durch das wunderbare Portal einer Frau in das Leben tritt. Dies haben wir also mit allen anderen Menschen gemeinsam, und schon darum sollten wir häufiger darüber nachdenken, was das *Geschenk des Lebens* eigentlich bedeutet und warum es für alle gilt.

Auch der Versuch, das Leben in sich zu erspüren, ist heilsam. Er führt zu einem gänzlich anderen Verständnis von Dasein und Existenz, als wir es gewohnt sind. *Glück* ist also zunächst einmal ein Zustand, in den wir hineingeboren wurden. *Glück* ist unsere Grundverfassung, auch wenn wir scheinbar unglücklich auf die Welt kommen, da wir die schützende Hülle des Mutterleibes verlassen mussten. Aber wenn wir uns schon bald auf die Entdeckungsreise durch die Welt machen, erkennen wir, wie faszinierend all das ist, was uns auf diesem Weg begegnet: andere Menschen, Wesen und Dinge – und natürlich das All. Ärgerlicherweise verlieren wir im Laufe unserer Individuation diesen natürlichen Zugang zur Lebensfreude, weil wir durch Erfahrung vorsichtig, skeptisch und misstrauisch geworden sind – bis hin zur Verbitterung. Wie sollte sich das Wunder des Lebens uns da noch erschließen können?

Liebe

Natürlich, und hier werden vermutlich alle Leserinnen und Leser mit mir übereinstimmen, gibt es nichts Größeres und Kostbareres als die Liebe. Sie ist der eigentliche Sinn unseres Daseins, sein Zweck, seine Veredelung. Ohne Liebe wären wir nichts, und auch der Sinn des Lebens wäre in weite Ferne gerückt. Lieben und Geliebtwerden machen aus unserem Sein das, was uns alle Unbilden und Missgeschicke ertragen lässt. Wenn wir nicht liebten und geliebt würden, wäre unsere Existenz mehr als erbärmlich. Wir würden uns auf dem Niveau von Einzellern bewegen. Man kann mit Recht sagen, dass alles höhere Leben mit dem Thema der Liebe zusammenhängt und in ihr seinen Ursprung hat. Umso merkwürdiger ist es, dass ausgerechnet die Liebe mit das Zerbrechlichste ist, das unsere Existenz ausmacht. Gerade deswegen aber müssen wir sie täglich aufs Neue entdecken und pflegen. Die Liebe gibt uns jenes unbeschreibliche Gefühl, das auf Herzenswärme beruht und uns dorthin führt, wo alles gut ist. Mit anderen Worten: Nur die Liebe kann uns heil und somit auch heilig machen. Unter »heil« verstehe ich hier »ganz«. Im Englischen erschließt sich dieser Zusammenhang durch die Sprache: *heilig* heißt *holy* und ist phonetisch ganz nahe am *whole*, was wiederum »ganz« bedeutet. Heilig und somit heil ist also jemand, der die Getrenntheit überwunden und seine Ganzheit gefunden hat. Und das geschieht nirgendwo so gut wie in der Liebe.

Höhenflüge
Sie schließen direkt an die Liebe an. Denn letztlich ist es die Liebe, die uns solche Flüge ermöglicht, bei denen wir aus der Höhe herab auf das uns Belastende schauen können. Es ist geradewegs eine Übersteigerung unseres Ichs, mit dem wir in neue heilige Bezirke eintreten können, die unser Dasein so sehr bereichern, dass wir sie nie wieder verlassen mögen. Natürlich muss man auch wieder landen, aber niemand verbietet uns, immer wieder aufzusteigen, um das Unbelastete zu erkunden – jene Region, in der die Sonne scheint, sobald man die Wolkendecke durchdrungen hat. Nimmt man diese als ein Symbol, ist es also wichtig, das Bedrückende hinter sich zu lassen, um den wahren Glanz des Lichts zu sehen. Dieser Gedanke sagt schon aus, dass unsere Lebenszeit normalerweise von Druck und Last gekennzeichnet ist. Was hindert uns daran, diesen Ballast abzuschütteln? Die Gewohnheit oder Rücksichtnahme? Die

(Geld-)Schein-Sicherheit? Weshalb schaffen wir es so selten, auch geistig dorthin zu gelangen, wohin uns der Orgasmus im körperlichen Bereich führt? Gratis übrigens und stets wiederholbar ...

Der beste Weg
Ihn zu finden ist eine der Aufgaben, die das Leben für uns bereithält. Da es aber so viele Wege gibt, ist es nicht gerade einfach, den für uns geeignetsten zu finden. Wir müssen viele Wege gehen, in etliche Einbahnstraßen geraten, uns durch unwegsames Gelände pirschen, bis wir den Pfad gefunden haben, der uns dorthin führt, wohin wir wollen. Unseren Weg aber werden wir nicht alleine gehen, sondern wir werden andere Menschen treffen, die entweder genauso unterwegs sind wie wir oder aber andere Motive haben. Wie wir ihnen begegnen können, hat der libanesische Dichter Khalil Gibran in seinem Werk *Im Garten des Propheten* eindringlich beschrieben:

»Meine geliebten Freunde, auf eurem Weg werdet ihr Menschen mit Hufen treffen: Gebt ihnen Schwingen; und Menschen mit Hörnern: Gebt ihnen Lorbeerkränze. Und andere mit Klauen: Gebt ihnen Blumenblätter als Finger. Und Menschen mit gespaltener Zunge: Gebt ihnen Honig für ihre Reden. All diesen werdet ihr begegnen und noch anderen: Ihr werdet den Lahmen treffen, der Krücken verkauft; und den Blinden, der mit Spiegeln handelt. Und ihr werdet dem Reichen begegnen, der am Tor des Tempels bettelt. Dem Lahmen gebt von eurer Schnelligkeit, dem Blinden von eurer Sehkraft; und trachtet, den reichen Bettlern von eurem Selbst zu geben; sie sind von allen die bedürftigsten, denn sicher würde keiner die Hand nach Almosen ausstrecken, ohne wirklich arm zu sein, auch wenn er große Güter sein Eigen nennt.« (Übersetzung: Hans Christian Meiser)

7:30 Die Minute Ihres Lebens

Weisheit

In Bezug auf das Thema dieses Buches bedeutet Weisheit, an der Fülle des Lebens teilzuhaben, indem man diese entdeckt, erkennt, annimmt und feiert. Weise ist also derjenige, der sich von den Wundern des Lebens immer wieder überraschen lässt und sich für die Schönheit dieser Welt öffnet. Er ist demütig und bescheiden, hilfsbereit und achtsam, gelassen und freut sich auf Neues. Gleichzeitig geht er aber seinen Weg, von dem er weiß, dass er der richtige ist. Die Versuchungen hat er bereits kennengelernt und sie überwunden. Die Anhaftungen an das Irdische ebenso, was nicht heißt, dass er dieses missachten würde – im Gegenteil. Es glückt ihm, den Sinn des Lebens im Leben selbst zu entdecken. Er wird zu dem, als der er von Anfang an gedacht war.

Mut

24 Anregungen für ein todesmutiges Leben – so lautet der Untertitel zu meinem Buch *Als wär's das letzte Mal …*. Mit *todesmutig* ist hier nicht gemeint, sein Leben permanent aufs Spiel zu setzen, sondern ganz im Gegenteil zu erkennen, dass unserem Dasein eine natürliche Grenze gesetzt ist. Gerade deswegen ist es nötig, sich mit dem Tod zu beschäftigen, weil wir dadurch verstehen lernen, was Leben eigentlich bedeutet. Es wird uns bewusst, dass jeder Tag ein Geschenk ist, da wir den Zeitpunkt nicht kennen, an dem wir gehen müssen. *Mut* muss man also haben, wenn man verstanden hat, dass alles vergänglich ist. Denn es gilt ja weiterzuleben. Die Endlichkeit fordert uns heraus, das Beste aus unserem Leben und für das Leben anderer zu machen. Natürlich haben wir stets die Hoffnung auf ein *Danach*, aber die Aufgabe will schließlich zunächst einmal hier bewältigt sein. Deshalb ist derjenige, der sich trotz oder gerade wegen der Vergänglichkeit allen Seins freudig dem Leben hingibt, mutig, ja geradezu todesmutig, denn er hat die Einmaligkeit und Wichtigkeit seiner Existenz genau wie die Einmaligkeit und Wichtigkeit der Existenz aller anderen verstanden.

Zeit

Keine abstrakte Größe ist für unser Thema wichtiger als die Zeit, die sich in einer endlosen Aneinanderreihung von Jetzt-Momenten darstellen lässt. Geht man von diesem Gedanken aus, gibt es weder Vergangenheit noch Zukunft, sondern nur das reine Sein der Gegenwart. Somit würde das *letzte Mal* mit dem *ersten Mal* zusammenfallen. Wir brauchen also keine Trauer zu empfinden, wenn unsere Zeit auf Erden abläuft. Im Gegenteil: Wir sollten dankbar für das sein, was wir erfahren durften, da wir die Fülle des Lebens erkennen konnten. Dies kommt einer Gotteserfahrung gleich, wie sie die Mystiker des Mittelalters, die Kirchenväter oder die frühen und heutigen Eremiten machten und machen. Letztlich geht es nur um diesen einen Punkt: sich dem Dasein hinzugeben und dessen Möglichkeiten mit allen Sinnen zu erleben. Ist dies geschehen, kann man gewiss von einem *reichen Leben* sprechen. Reich ist also derjenige, der in der ihm gegebenen Zeit die Lust am Leben entdeckt und gelebt hat. Er ist reich, weil er seine Tage nicht mit Unsinnigem verbrachte, sondern damit, sich selbst und andere zu lieben. Er wird seinen Geist zur Klarheit weiterentwickeln, um leicht und heiter den letzten Schritt gehen zu können.

Freiheit

Nicht nur das Leben, auch die Freiheit ist uns geschenkt. Sie teilt sich in der Entfaltung der leibhaften Geistigkeit, der Menschwerdung, des Personwerdens mit. Diese Freiheit setzt wiederum selbst frei. Am Bild der Mutter mag dieser Gedanke verdeutlicht werden. Die Frau, also das die Welt durchdringende weibliche Prinzip (= Wirkung), empfängt das Kind vom Leben spendenden männlichen Prinzip (= Ursache) und setzt es durch die Geburt *frei*, und zwar in der Weise des »Umsonst« – das Kind muss nichts dafür geben. In derselben Weise empfängt die Erde den Samen und verschenkt sich an ihre Umgebung, indem sie die Saat in sich aufgehen lässt und die Frucht hervorbringt. Bei der Quelle kann man dasselbe beobachten: Wenn sie das Wasser, das nicht mehr zurückkommen wird, aus sich ausgießt, oder auch beim Baum, der seine Frucht loslässt, damit eine neue wachsen kann. Das will heißen, dass *»die dem anderen vorenthaltene Gegenwart der Freiheit«* (wie es der Philosoph Ferdinand Ulrich ausdrückt, *Gegenwart der Freiheit*, Einsiedeln 1974), die Verweigerung also, niemals Leben spendend sein kann. Sie ist ein Nein zur Freiheit, ein Nein, das einem Nein entspringt, und damit die vollkommene Negation allen Lebens sowie die permanente Verdrängung all dessen bedeutet, das ins Leben drängt. Vor diesem Hintergrund ist auch der Symbolgehalt des Opfertodes Jesu in seiner Tiefe zu ermessen. Jesus gibt seinen Leib der Welt und ermutigt durch diese Tat zu neuem Leben. Nicht umsonst ist dieses Bild seit mehr als zwei Jahrtausenden so wirksam, denn es besagt, dass erst durch den scheinbaren, vordergründigen Tod wirkliches *Leben im Leben* möglich ist. Es mag absurd klingen, aber man muss im übertragenen Sinn gestorben sein, um wirklich zu leben. Und dazu bedarf es der Freiheit, nicht aber der Willkür, die deren Gegenteil darstellt. Frei ist der, der sich zu etwas bekennt, denn er ist *für* das, was er anstrebt, frei. Unfrei bleibt hingegen der, der *von* etwas frei werden will.

Um die Furcht vor der Vergänglichkeit zu überwinden und die Lust am Leben neu zu entdecken, bedarf es also nur weniger Ingredienzien, die uns im Verlauf des Buches weiterhin beschäftigen werden: eines standhaften *Glücks*, einer erfüllten Liebe, einiger *Höhenflüge*, eines *besten Weges*, eines Zugangs zur *Weisheit*, einer *mutigen Haltung*, eines *richtigen Verhältnisses zur Zeit* und eines Gespürs für den *Hauch der Freiheit*. Und natürlich wäre auch ein Granatapfel sinnvoll, denn schon beim Öffnen desselben wird einem bewusst, wie viel Reichtum und Fülle in einer einzigen Frucht geborgen sind. Weshalb fällt es uns so schwer zu erkennen, dass dies auch für das Leben gilt? Sind wir zu träge, zu abgelenkt oder zu wenig darauf geschult? Dienen wir den falschen Göttern? Oder wollen wir einfach nicht daran denken, dass unsere Tage schon mit unserer Geburt gezählt sind? Was immer es auch sein mag – die Kraft des Lebens steckt in uns, und wir können an ihr teilhaben, wann immer wir es nur wollen. Wir müssen uns dazu nur klarmachen, dass sie im Überfluss vorhanden ist und nur darauf wartet, von uns geweckt zu werden.

INSPIRATION 1

Es geht in der kleinen Übung nach der Affirmation *Die Minute meines Lebens* darum, Leben zu erspüren. Wir wissen zwar, dass wir existieren. Aber außer bei der körperlichen Vereinigung mit einem anderen Menschen haben wir keinen wirklich tiefen Zugang zu dem Phänomen, das wir als Leben bezeichnen. Deshalb sollten wir das aktivieren, ohne welches wir gar nicht daseinsfähig wären: unseren Atem. In allen alten Kulturen ist der Atem der Energieträger schlechthin. Chi heißt diese Kraft bei den Chinesen, Ki bei den Japanern, Prana in Indien, Mana bei den Polynesiern, Pneuma bei den Griechen und Odem bei den Germanen. Ohne Atem ist kein Leben möglich, und wer nicht mehr atmet, ist tot. Solange wir atmen, kann es uns gelingen, die Fülle des Lebens in uns aufzusaugen, seine Kraft dadurch zu verinnerlichen und zu erkennen, dass wir mit allem, das ebenfalls atmet, verbunden sind.

Es mag sein, dass Sie in diesem Augenblick an berufliche oder private Probleme denken. Es gibt keinen Menschen, der davon verschont bliebe. Machen Sie sich klar, dass auch alles Negative vergehen wird und es Ihre eigene Ausstrahlung ist, die das Positive anzieht. Gerade weil auch das Negative dem Gesetz der Vergänglichkeit unterworfen ist, können Sie vertrauensvoll in die Zukunft blicken. Damit werden Sie für andere Menschen attraktiv, die sich mit Ihnen verbünden, weil sie auf Sie bauen. Gemeinsam können Sie nun den unglaublichen Reichtum dessen, was ist, erfahren.

Gehen Sie am nächsten Morgen für 60 Sekunden in sich, und konzentrieren Sie sich ganz auf *Die Minute meines Lebens*, die nun folgt:

DIE MINUTE MEINES LEBENS

Ich bin ein Teil von allem.
Alles ist in mir.
Ich bin positiv gestimmt.
Ich entdecke die Fülle des Lebens und die Lust am Hiersein neu.

ÜBUNG

- Suchen Sie sich einen ruhigen Ort in Ihrem Haus oder Ihrer Wohnung, besser noch in der Natur, auf einem freien Feld oder im Wald. Spüren Sie mit geschlossenen Augen in sich hinein. Hören Sie sich beim Atmen zu. Beginnen Sie zu begreifen, dass Sie mit jedem Einatmen Welt in sich hineinlassen und mit jedem Ausatmen etwas davon wieder hergeben.

- Atmen Sie jetzt ganz langsam mit geschlossenem Mund durch die Nase ein und mit leicht geöffnetem Mund wieder aus. Halten Sie dabei die Augen geschlossen. Wiederholen Sie diese Übung, so oft Sie möchten. Versuchen Sie dabei, an nichts zu denken. Geben Sie sich einfach dem reinen Sein hin. Bald werden Sie spüren, dass Sie und der Atem nicht mehr voneinander verschieden, sondern eins geworden sind. Sie spüren jetzt SICH SELBST und erkennen, dass Sie ein Teil von allem Leben auf der Erde sind. Atmen Sie weiter. Irgendwann werden Sie merken, dass Sie nicht nur ein Teil von allem sind, sondern sich alles in Ihnen findet. Sie müssen nur Ihre innere Grenze überwinden, um daran teilzuhaben. Nun sind Sie auf dem besten Weg, die Fülle des Lebens zu finden. Sie verspüren Lust, diesen Reichtum kennenzulernen und auszuprobieren.

2

Von der Kürze des Lebens

Über Krieg und Frieden
oder:
Warum wir nicht die Welt,
sondern uns verändern sollten

Ganz gleich, wie lange ein menschliches Leben dauert – wenn es erlischt, war es immer zu kurz. Der römische Staatsmann und Philosoph Lucius Annaeus Seneca (um 4 v. Chr. – 65 n. Chr.) hat über diesen Gedanken in seiner Schrift *Von der Kürze des Lebens* ein ganz besonderes Zeugnis abgelegt. *»Wir leben nur den allerkleinsten Teil des Lebens«*, heißt es da, *»die ganze restliche Spanne ist nicht Leben, sondern eben nur Zeit.«* Für den Stoiker Seneca liegt das wahre Leben im Streben nach Weisheit, nicht im Anhäufen von materiellen Gütern oder beruflichen Erfolgen. Die Zeit flieht, sie ist ein flüchtiger Geselle – das aber wird dem Menschen meist erst dann vor Augen geführt, wenn es fast oder schon zu spät ist.

Worüber sich Seneca nicht auslässt (vermutlich weil er als Lenker der Geschicke Roms auch in Kriegshandlungen verwickelt war), ist die Fähigkeit des Menschen, anderen Mitgliedern ihrer Spezies das Leben zu nehmen, es zu verkürzen und auszulöschen. In massenhafter Verbreitung und systematischer Durchführung wird dieses Phänomen Krieg genannt.

Warum versuchen Menschen auch heute noch, einander Furchtbares anzutun? Haben sie im Laufe ihrer Geschichte nicht gelernt, dass jeder Krieg irgendwann einmal vorbei ist? Wenn das der Fall ist, weshalb beginnt man ihn dann überhaupt? Warum gibt es Menschen, die freiwillig und begeistert in den Krieg ziehen, um andere zu töten? Wieso segnen Religionsmanager Waffen vor deren Einsatz? Weshalb können Staatsmänner, Politiker und Militärs, die für Kriege verantwortlich sind, in denen Hunderttausende sterben, dennoch nachts mit reinem Gewissen schlafen? Warum findet das fünfte Gebot »*Du sollst nicht töten*« so wenig Widerhall? Wieso desertieren in einem Krieg nicht alle Soldaten auf einmal? »*Stell dir vor, es ist Krieg – und keiner geht hin!*« Dieser Satz stammt von dem amerikanischen Dichter Carl Sandburg, der im Ersten Weltkrieg Kriegskorrespondent war. Später wurde es zum geflügelten Wort der Friedensbewegung und hat dennoch nichts bewirkt. Schätzungen der Vereinten Nationen zufolge gibt es derzeit etwa dreißig Millionen Soldaten, davon sind schätzungsweise Zweihunderttausend noch Kinder. »*Soldaten sehn sich alle gleich, lebendig und als Leich*«, sang der DDR-Regimekritiker Wolf Biermann 1965 in seinem Lied *Soldat, Soldat*. Bis heute hat sich daran nichts geändert. Nahezu vierhundert Kriege gab es weltweit seit dem Ende des Zweiten Weltkrieges, obwohl damals die Parole »Nie wieder Krieg« ausgegeben wurde. Offenbar waren die geschätzten sechzig bis siebzig Millionen Toten, welche die finale Weltenschlacht zwischen 1939 und 1945 forderte, nicht genug.

Es würde den Rahmen des Buches sprengen, darüber zu spekulieren, weshalb Menschen sich nicht davon abbringen lassen, andere mit Krieg zu überziehen. Man kann aber feststellen, dass es sich unter anderem auch um eine Frage der kulturellen und somit geistigen Entwicklung handelt, ob Menschen zum Krieg fähig sind oder nicht. Aufgebrachte Männer, die vor Freude mit Maschinenpistolen in die Luft

7:30 Die Minute Ihres Lebens

schießen, symbolträchtig Staatsflaggen verbrennen und dabei ausgelassen herumhüpfen, kann man sich in Europa nur noch schwer vorstellen.

Natürlich wäre es blauäugig zu meinen, die Menschheit würde sich je von der Geißel des Krieges befreien können, schließlich ist »*der Krieg der Vater aller Dinge*«, wie schon der griechische Philosoph Heraklit wusste. Nach dieser Auffassung bedarf es offenbar immer wieder der Zerstörung und des Todes, damit Neues hervorgebracht werden kann. Da wir leider keine Erfahrung damit haben, ob uns nicht auch ein permanenter Frieden Glück und Evolution bescheren kann, müssen wir wohl bis auf Weiteres mit der Vorstellung des Heraklit leben. Wir können aber natürlich auch darüber nachdenken, wer denn die »Mutter aller Dinge« ist …

Besonders erschreckend ist, wie viel Erfindungsreichtum der Mensch an den Tag legt, um anderen Schaden zuzufügen. Nehmen wir als Beispiel die Fliegerbomben. Solche müssen also zunächst einmal konstruiert und hergestellt werden. Dann muss dafür ein geeignetes Fluggerät gefunden oder notfalls gebaut werden. Dieses wird in einem aufwendigen Prozess mit den Bomben beladen, bevor es startet und danach seine Ladung auf die Häuser des Feindes abwirft und zerstört. Noch grotesker wird es, wenn man einen Flugzeugträger konstruieren muss, um dieses Ziel zu erreichen. Irgendwie kommt mir das – trotz aller Hochpräzisionswaffen – fast trivial vor. »Ich halte dich für meinen Feind, jetzt zerstöre ich dein Haus, das du danach wieder aufbauen kannst, falls du überlebst.« Wir dürfen bei der gesamten Diskussion um den Krieg nicht vergessen, dass es mitunter Familienväter sind, die diese Waffen konstruieren oder die Bomben abwerfen – tödliche Werkzeuge, die ebenso gut ihre eigenen Kinder töten könnten, wenn der Gegner sie einsetzte. All dies geschieht auf Befehl einer Gruppe Mächtiger, die die Welt zu ihren Gunsten verändern möchte. Dass sie dabei Leichen, Witwen und Waisen hinterlassen, stört sie offenkundig nicht.

Gerade in einem Buch über die Lebenslust, die Freude am Leben und an der Fülle des Daseins, haben solche Gedanken ihre Berechtigung. Erst wenn wir uns radikal vom Töten abwenden, können wir uns der Menschenliebe absolut hingeben. Einen Kompromiss gibt es hier nicht. Diese Auffassung vertrat auch der Theologe und Psychoanalytiker Eugen Drewermann in meinem Film *Im Schatten der Finsternis – Bilder vom Bösen*, den ich 1996 für den französisch-deutschen TV-Sender arte drehte. In seinem Vortrag sagte der ehemalige Priester Folgendes: »*Wir brauchen neue Bomben, wir brauchen neue Aufklärungswaffen, wir brauchen neue Panzer. Wir brauchen – unbedingt – Minen, die so gesteuert sind, dass sie von ferne antworten auf jede einrollende Armee. Es ist die Paranoia, die wir als Verantwortung definieren. Gegen das Töten hilft nur das Töten, gegen Wölfe nur Dreschflegel und Sensen. Es war einzig Mahatma Gandhi, der dachte: ›Es hilft so gar nicht. Es muss möglich sein, dass Menschen sich die Hand reichen. Was soll es denn‹, sagte er, ›ich bin bereit für eine Menge von Wahrheiten zu sterben, aber ich bin nicht bereit, für irgendeine Wahrheit zu töten. Wenn man mir etwas zufügt, ist mir dann geholfen, dass man dem anderen, der das tat, dasselbe zufügt?‹ Es ist an dieser Stelle Gott selbst, der die Angst des einen vor dem anderen kupieren möchte, indem er das Strafmaß selbst bestimmt. Kain soll und darf nichts geschehen. Aber Gott wird scheitern an diesem Plan, weil die Angst des Menschen sich verselbstständigt. Kain wird sesshaft werden im Lande der Flucht, im Lande Not. Niemand hat das besser begriffen als*

7:30 Die Minute Ihres Lebens

Fjodor Michailowitsch Dostojewski im sibirischen Strafgefangenenlager, im Ostrok. Mitten unter Mördern forschte er danach, wie Menschen dahin kommen, so zu sein. Was er erzählt, sind Geschichten des nackten Grauens.«

Wir alle kennen Fotos von Enthaupteten, Verbrannten, Verstümmelten, von auf grausamste Weise Gefolterten. Natürlich müssen diese Verbrechen geächtet, verfolgt und bestraft werden. Doch was wird es helfen? Welcher Tyrann oder welche Terrorgruppierung wird sich dadurch aufhalten lassen? Ist es nicht besser, wenn wir uns alle immer wieder auf die Kürze des Lebens besinnen? Aus diesem Grund sollten wir uns ändern und den Weg zur Nächstenliebe einschlagen, der mit Sicherheit mehr Gewinn bringt als der Weg zum Fremdenhass.

Oft denke ich, wie seltsam es ist, dass Menschen ihr Leben für eine politische Idee opfern, ohne durch ihre Hingabe im Gedächtnis der Menschen weiterzuleben. Wenn wir uns überlegen, dass es seit Anbeginn der Zeiten immer wieder Menschen gab, die für eine Idee andere umbrachten, um dann selbst umzukommen, wird einem die Nichtigkeit eines solchen Handelns bewusst. Wir kennen nicht einmal die Namen derer, die für irgendetwas starben, es gibt kein Mahnmal für sie, keinen Gedenkstein. Warum haben sie dann aber für eine Idee getötet, die vermutlich nicht einmal von ihnen stammte? Letztlich sind alle Kriege blutige Auseinandersetzungen um konkurrierende Ideen.

Generell ist aber jeder jemals geführte Krieg irgendwann dem kollektiven Gedächtnis entschwunden. Je länger ein Krieg vorüber ist, desto weniger interessiert es irgendeinen Lebenden, was seinerzeit warum geschah. Selbst der Erste Weltkrieg ist für viele Zwanzigjährige in weite Ferne gerückt. Und dafür haben diese Menschen damals gekämpft, gelitten und anderen Leid zugefügt? Ihr Ziel mögen sie vielleicht erreicht haben, vergessen werden sie irgendwann auf jeden Fall sein. So will es der Lauf der Geschichte.

Anders verhält es sich mit Friedensstiftern oder Menschen, die sich für den Frieden einsetzen. Ihr Dasein im kollektiven Gedächtnis währt wesentlich länger – offenbar ist das Gute doch stärker als das Böse.

Wir halten heute die Demokratie für die beste aller möglichen Regierungsformen, und gewiss ist sie das auch, bedeutet sie doch von ihrem Wortursprung her *Herrschaft des Volkes*. Aber wir wollen nicht vergessen, dass auch diese Staatsform mit Blut erkämpft wurde und vermutlich bald mit Blut verteidigt werden muss. Da stellt sich mir wieder die eingangs aufgeworfene Frage: Würden die Menschen genauso agieren, wenn es ihnen wirklich zutiefst bewusst wäre, dass sie sterblich sind, dass ihre Tage eine Grenze haben und ihr Ende unweigerlich irgendwann bevorsteht?

Würden sie sich nicht ganz anders verhalten und im Fernsten den Nächsten erkennen und im Mitmenschen den Bruder? Würde ihr Lebensziel dann nicht länger »Eroberung durch Töten« heißen, sondern vielmehr »Eroberung durch Lieben«? Wie würden wir agieren, wenn uns *wirklich* klar wäre, dass wir nicht ewig leben? Vermutlich wie ein Kranker, dem der Arzt sagt, er habe nur noch eine bestimmte Anzahl von Monaten zu leben. Aber da geht es dem Kranken nicht anders als dem Gesunden. Auch dieser hat nur noch eine gewisse Spanne vor sich, egal, wie alt er ist. Weshalb nutzen wir diese verbleibende Zeit dann nicht, um Sinnvolles zu tun, beispielsweise die Fülle und Schönheit des Lebens wiederzuentdecken?

Wie würde die Welt aussehen, wenn es keine Massenvernichtungswaffen gäbe? Ein interessanter Gedanke, denn

7:30 Die Minute Ihres Lebens

schließlich könnte die Staatengemeinschaft ja beschließen, von morgen Mittag an keine Waffen mehr zu produzieren und zu verkaufen und die bestehenden zu verschrotten. Denken wir an die bekannte Formulierung »*Schwerter zu Pflugscharen*«, die ursprünglich der Bibel entstammt. Die Wirtschaft wäre zunächst einmal empört, denn ein solches Handeln würde zum Beispiel in Deutschland, dem drittgrößten (!) Waffenexporteur der Welt, etwa Hunderttausend Arbeitsplätze gefährden. Sie haben richtig gelesen: Etwa Hunderttausend Menschen verdienen in Deutschland ihr Geld mit dem Herstellen von Waffen oder der Zulieferung von Waffenteilen. Muss das Töten weitergehen, damit diese Menschen ihre Arbeitsplätze nicht verlieren? Können ihre Stellen nicht zum Beispiel in Wirkungsbereiche im Zivil- und Katastrophenschutz umgewandelt werden, und zwar weltweit? Dies wäre gewiss sinnvoller, da die Zahl der Naturkatastrophen in den nächsten Jahrzehnten dramatisch zunehmen wird und gut ausgebildete Retter vonnöten sein werden. Offenbar aber sind wir noch nicht so weit, und die Verantwortlichen halten es für besser, Rüstungsgeschäfte zu machen, durch die andere Menschen ihr Leben verlieren werden.

Meine Schwester, eine kritische Europäerin, machte mich in einem Gespräch über die Flüchtlingsproblematik auf einen besonderen Umstand aufmerksam: Auf Erden gibt es hier und dort immer wieder Not: Einmal mangelt es an Nahrung, ein anderes Mal an Wasser, dann wieder an sanitären Anlagen, Kleidung, Unterkünften und anderem Lebensnotwendigem – nur an Waffen mangelt es offenbar keinem der Staaten, egal, wie arm das Land auch sein mag. Im Gegenteil: Waffen scheint es überall im Überfluss zu geben, und kein Staat beklagt sich über einen Mangel an Tötungswerkzeugen.

Was blieb von den Menschen, die bisher im Laufe der Geschichte im Krieg, egal auf welcher Seite sie standen, getötet wurden? Und was bleibt von denen, die heute für ihr vermeintlich erstrebenswertes Ziel ihr Leben geben, weil man ihnen eingeredet hat, dass sie für ihr Töten im Jenseits reich belohnt würden? Es sind die Religionen, die hier einen unheilvollen Pakt mit der Tötungsmaschinerie eingegangen sind. Würden sie anstelle von blumigen Jenseitsvertröstungen lehren, sich der Fülle des Lebens heute und jetzt hinzugeben, fände mit Sicherheit ein Umdenken statt. Denn warum soll ich auf diese Erfüllung verzichten und stattdessen in den Krieg ziehen?

Schon in meiner späten Kindheit (es war die Zeit des Vietnamkrieges) habe ich nicht verstanden, weshalb Menschen einander solche Grausamkeiten antun. Ich stellte mir dann immer vor, was wohl geschehen würde, wenn sich zwei Heere gegenüberstünden, bei denen alle Soldaten nackt wären. Könnten sie dann noch aufeinander schießen? Ist dies der Grund, weshalb der moderne Krieg als eine Art Videospiel aufgefasst wird, weil man den vermeintlichen Gegner gar nicht mehr sehen muss – und die Toten dadurch nicht mehr real, sondern eine Statistik sind? Übrigens leiden zweihundertdreißig Millionen Kinder gegenwärtig unter den Folgen von Krieg und Vertreibung. Jedes zehnte Kind ist also davon betroffen.

Betrachtet man Vertreter des Militärs rein optisch, so müssen sie einem neutralen Beobachter eher sonderbar vorkommen. Die höheren Chargen tragen besondere Kopfbedeckungen, um auf die Untergebenen größer und Ehrfurcht einflößend zu wirken. Sie haben Uniformen an, die im österreichischen Volksmund als »fesch« bezeichnet werden. An ihrer Brust hängen Orden aus Blech, die von vermeintlicher Führungsstärke oder besonderer Tapferkeit zeugen sollen.

7:30 Die Minute Ihres Lebens

Im Spind der »normalen« Soldaten hingegen finden sich Bilder von nackten Frauen. Weshalb? Weil diese diejenigen, die gleich in die Schlacht ziehen werden, an das erinnern, was allein fähig ist, Leben zu schenken. Ansonsten gibt es keinerlei Grund für Soldaten, die unter Umständen bei ihrem Einsatz sterben werden, sich mit Pin-Ups zu bestücken. Es ist derselbe Grund, weshalb wir nach einer Beerdigung sofort zum Essen, dem sogenannten Leichenschmaus, gehen. Wie eine nackte Frau ist jede Form des Essens ein Symbol für Leben. Wir treffen hier erneut auf das ewige Geschwisterpaar Eros und Thanatos, auf den unauflöslichen Zusammenhang von Liebe und Tod.

Es ist sonderbar: Einerseits ist der Mensch zu den zärtlichsten Gefühlen fähig, andererseits kann er innerhalb von Sekunden zur Bestie mutieren. Dies muss der Grund sein, weshalb die Religionen der Welt immer wieder zum Frieden mahnen – wobei sich hier zugleich das Paradoxon auftut, dass auch sie nicht immer friedlich sind.

Die katholische und die evangelische Kirche haben ein Ritual eingeführt, das zumindest im Kleinen durchaus geeignet ist, uns zum Nachdenken zu bringen: »*Gebet einander ein Zeichen des Friedens*«, heißt es nach dem Abendmahl, und die Besucher des Gottesdienstes wenden sich nach links, nach rechts, nach vorne und nach hinten, um den dort Stehenden die Hand zu reichen. Die Handreichung ist ein schönes Symbol, das sagen möchte: »Siehe, ich verberge in meiner Hand und meinem Herzen nichts, was dir schaden könnte. Indem ich dir meine Hand reiche, vermengt sich meine Lebenskraft mit deiner. Möge dein Leben voller Frieden sein. Ich bin bei dir. Ich bin du.«

Es ist genau diese Haltung, in der sich uns die Möglichkeiten des Lebens erschließen. Der fremde Andere wird zum Nächsten. Es ist, als würde nicht der Durstige die Quelle suchen, sondern umgekehrt die Quelle zum Durstigen kommen, wie der dänische Philosoph Sören Kierkegaard schreibt. Diese Quelle war für ihn Gott, für mich kann es auch die Liebe sein, die ja immer der Antipode zum Krieg ist. Allein die Sprache der Liebe kann es wagen, mit einer Chance auf Erfolg zu fordern: Nie wieder Krieg, nie wieder Faschismus, nie wieder Diktatur. So paradox dies klingen mag: Der einzige Weg zum Frieden ist der geduldige Antikrieg der Liebe. Gegen die Gewalt wirken allein Güte und Vergebung. Das wäre die richtige Umsetzung der Forderung: *Frieden schaffen ohne Waffen.*

Kürzlich nahm ich in einer Klinik für psychosomatische Krankheiten, in der ich einen Vortrag hielt, an einem Gottesdienst teil. Es war ergreifend mitanzusehen, wie viele der Patienten eigentlich nichts anderes wollten, als in den Arm genommen und getröstet zu werden, damit die Verletzungen ihrer Seele heilen konnten. Ich verstand: Die Berührung ist wichtiger als das Wort. Das Im-Arm-Halten tröstet. Das Füreinander-Dasein heilt. Es macht eine unheile Welt wieder ganz.

Auch deshalb ist es wichtig, dass wir uns immer wieder an das *Memento mori* (»Bedenke, dass du sterblich bist«) erinnern. Wir sind nicht allzu lange Gast auf diesem Planeten. Wir werden sterben. Weshalb sollen wir also die Tage, die uns geliehen wurden, mit Krieg, Töten und Hass verbringen? Macht uns dies glücklicher? Könnten wir uns nicht viel wohler fühlen, wenn wir das Leben täglich feiern würden, wie uns dies etwa im Urlaub gelegentlich gelingt, wenn wir frei von Belastungen sind und eine Ahnung davon erhalten, wie sich *wirkliches Leben* anfühlt?

»Krieg wird in Deutschland nicht mehr als ein Mittel der Politik betrachtet«, schrieb Berthold Kohler in einer Glosse

7:30 Die Minute Ihres Lebens

der FAZ, »*sondern als das Ergebnis des totalen Versagens: der Politik, der Vernunft, der Moral.*« Krieg ist somit nichts anderes als die Verweigerung der Freiheit, das unnachgiebige Nein zum Leben, der große Widersacher des Friedensglücks. Wir alle könnten die Fülle und Schönheit des Lebens erfahren und jeden einzelnen Samen des Granatapfels genießen, wenn wir nur denen, die uns zum »Dienst an der Waffe« aufrufen, weltweit und unisono den Gehorsam verweigerten. Dann bedürfte es auch keiner Verteidigungskriege mehr, weil es ja niemanden gibt, der einen angreifen könnte.

Ich schreibe diese Zeilen, während folgende »Konflikte« die Welt in Atem halten: der Ukraine-Konflikt, der Israel-Palästina-Konflikt, der Syrien-Konflikt, der Iran-Konflikt, der Nigeria-Tschad-Konflikt. Wenn das Buch erschienen ist, werden diese Konflikte, die in Wirklichkeit Kriege sind (die meist nicht als Interventionskriege geführt werden, sondern durch Destabilisierung, Propaganda, Desinformation und anderes ihr Ziel zu erreichen suchen), hoffentlich beendet sein. Es wird Tausende von Toten, Witwen und Waisenkindern gegeben haben. Die Welt wird geopolitisch eine andere sein, bis an anderer Stelle neue Konflikte auflodern. Hat sich der Tod all dieser Menschen dann »gelohnt«? Hat sich die Lage gebessert? Unbeantwortet bleibt dabei immer noch die eingangs gestellte Frage: Wenn wir schon wissen, dass jeder Krieg irgendwann einmal zu Ende ist, weshalb wird er dann überhaupt begonnen?

Wir alle kennen die herzzerreißenden Bilder beispielsweise aus Süd- und Nordkorea, wenn wieder einmal einige Familien, die durch die Abspaltung jahrzehntelang getrennt waren, einander wiedersehen dürfen. Alt geworden, liegen sich die Angehörigen weinend in den Armen. Wir erkennen: Der Mensch will Wärme, Nähe und als Herdentier Zusammengehörigkeit und Identifikation. Weshalb gesteht man ihm dies nicht zu? Weshalb trennt man Familien willkürlich? Auch die deutsche Geschichte hat gezeigt: Keine Mauer währt ewig. Weshalb errichtet man sie dann überhaupt? Angeblich trennt die Mauer das Gute vom Bösen. Das ist falsch. Die Mauer *ist* das Böse. Sie ist es, die uns davon abhält, unser Leben seinen Möglichkeiten gemäß zu führen. Erst wenn die Mauer in unseren Herzen niedergerissen ist, können wir das erkennen, was wir seit jeher suchten: Einheit.

Der zu Beginn dieses Kapitels erwähnte Seneca schrieb nicht nur über die Kürze des Lebens, sondern verfasste auch ein Traktat mit dem Titel *Über den Zorn*, das mit folgender Aufforderung schließt: »*Solange wir unter den Menschen leben, wollen wir Menschlichkeit üben: Für keinen wollen wir schrecklich sein, für keinen gefährlich; Einbußen, Ungerechtigkeiten, Beleidigungen und alle Unbilden des Daseins wollen wir verachten und ruhigen Herzens Unannehmlichkeiten ertragen. Ein Blick nach hinten oder eine Drehung zur Seite, und schon fordert der Tod sein Recht.*« Sollten wir nicht gerade deshalb versuchen, uns allen das Leben so angenehm wie möglich zu gestalten und es nach Möglichkeit zu verlängern, anstatt es durch Hass, Feindseligkeiten und Krieg zu verkürzen?

Unlängst wurde ich während eines TV-Interviews gefragt, ob ich denn der Ansicht sei, dass sich alles zum Besseren wende, da sich doch immer mehr Menschen für Spirituelles interessieren. Ich antwortete, dass ich zweierlei feststelle: zum einen eine unglaubliche Verrohung und Bestialisierung des Menschen (vor allem in den Krisengebieten), zum anderen eine tatsächlich stattfindende Vergeistigung. Es scheint, dass sich beide Ausdrucksweisen menschlichen Seins hier die Waage halten. Es kann also keineswegs von einem Quantensprung im Bewusstsein der Menschheit gesprochen wer-

7:30 Die Minute Ihres Lebens

den. Dieser wird erst dann eintreten, wenn wir uns dahingehend verändert haben, unser Leben und das der anderen als das höchste Geschenk anzusehen, das uns gemacht wurde.

Es wird deshalb interessant sein zu beobachten, ob sich die Menschheit durch die zunehmende Digitalisierung und Virtualisierung darauf besinnen wird, das Thema Nationalstaaten irgendwann einmal für erledigt zu erklären. Kriege entstehen häufig dadurch, dass es politischer Wille ist, die Grenzen neu zu ziehen – aus welchen Gründen auch immer. Für eine Generation, die sich durch die unendlichen Möglichkeiten des Internets und der sozialen Medien entgrenzt hat, sind Nationalstaaten in Zukunft vermutlich nicht mehr denkbar, da das Leben sich vor allem im virtuellen Raum abspielt. Staatsoberhäupter, Präsidenten oder Gruppierungen welcher Art auch immer, die die Grenzen ihres Territoriums neu ziehen möchten, könnten dann der Vergangenheit angehören, da sich auf diesem Gebiet ein so extremer Wandel vollziehen wird, wie wir ihn im Bereich der Partnersuche durch das Internet schon erleben – was sich vor zehn Jahren auch niemand hätte vorstellen können.

Die Facebook- und Twitter-Generation wird auf jeden Fall andere Prioritäten haben als jene Zeitgenossen, die von der Errichtung eines Weltreiches träumen. Das ist gut so, denn wie wir wissen, sind alle Weltreiche irgendwann einmal untergegangen. Und die noch Jüngeren haben vielleicht eine ganz spezielle Lösung: Als die neunjährige Leila kürzlich von ihrer Mutter erklärt bekam, was Krieg sei und wie Menschen sich dabei gegenseitig töten, fragte sie: »Warum machen die nicht einfach Schnickschnackschnuck?«

INSPIRATION 2

Natürlich ist Frieden mehr als die Abwesenheit von Krieg, aber gerade deshalb ist es wichtig, in seinem privaten Umfeld Frieden zu pflegen. Das erfordert Verständnis für den anderen, Verzeihen, Nachsicht, Achtsamkeit, Respekt und liebevolles Handeln. Der Harmonie, der Eintracht sollte trotz aller verständlichen egoistischen Motive Priorität eingeräumt werden. Dies umso mehr, weil unser Leben zu kurz ist, um auf den zwischenmenschlichen Gleichklang zu verzichten. Wir wissen doch niemals, ob wir demjenigen, mit dem wir zerstritten sind, je die Hand zur Versöhnung reichen können, weil es eventuell dafür schon zu spät ist. Frieden bildet somit die Grundvoraussetzung für die Lust am Leben.

Ist Ihre Umgebung nicht friedlich gestimmt, gehen Sie mit gutem Beispiel voran. Versöhnen Sie sich mit denen, die Ihnen Unrecht tun. Machen Sie durch Ihr Verzeihen deutlich, dass Feindseligkeiten das Gegenteil von dem sind, was Menschen wirklich suchen und brauchen. Ihre persönlichen Beziehungen werden wachsen, wenn Sie klar zu erkennen geben, dass andere sich vor Ihnen nicht zu fürchten brauchen. Im Gegenteil bekommen sie bei Ihnen das, wonach sie sich sehnen. Und strahlen Sie auch selbst Friedfertigkeit aus. Beleidigen Sie andere nicht, und seien Sie selbst nicht beleidigt. Wenn Sie Frieden wollen, müssen Sie ihn persönlich stiften ...

Gehen Sie am nächsten Morgen für 60 Sekunden in sich, und konzentrieren Sie sich ganz auf *Die Minute meines Lebens*, die nun folgt:

7:30 Die Minute Ihres Lebens

> ### DIE MINUTE
> ### MEINES LEBENS
>
> Ich finde Frieden in mir,
> weil ich von nun an
> mehr auf die Bedürfnisse der anderen
> achte,
> anstatt ausschließlich meine Ansichten
> für wichtig
> zu halten.

ÜBUNG

- Es wird gelegentlich geschehen, dass Sie jemand, dem Sie eigentlich helfen wollen, vor den Kopf stößt und Ihre gut gemeinte Hilfe ablehnt. Sie können nun beleidigt reagieren und diesen Menschen seinem Schicksal überlassen, Sie können aber auch genau das Gegenteil tun, indem Sie diesem Menschen trotzdem zu helfen versuchen. Sprechen Sie mit ihm, machen Sie ihm klar, dass Sie ganz genau spüren, dass er Ihre Unterstützung eigentlich möchte, aber vielleicht zu stolz ist, sie anzunehmen. Irgendwann wird er sich Ihnen gegenüber öffnen und dankbar für das sein, was Sie ihm anbieten. Beide haben Sie nun Ihren Egoismus überwunden, was eine wichtige Voraussetzung für ein friedliches Miteinander darstellt.

3
ÜBER DIE GLÜCKSELIGKEIT

Glaube, Ewigkeit
und die Entdeckung der Lust

Wenn alles nur geliehen ist und wir Schwierigkeiten haben, wahren Frieden zu finden, kann es dann überhaupt so etwas wie Glück oder Glückseligkeit geben? Handelt es sich dabei nur um ein falsches Versprechen der Religionen, damit wir den Mut zum Leben behalten? Um diese Frage zu beantworten, müssen wir etwas zurückblicken, nämlich auf den Zeitpunkt unserer Geburt.

Bislang nur mit dem Mutterleib vertraut, muss sich der Mensch in der fremden Welt zurechtfinden, in die er hineingeboren wird. Er sucht Orientierung. Im Laufe seiner Ichwerdung, seiner Individuation, wendet er sich nun Modellen weltanschaulicher und/oder wissenschaftlicher Natur zu, die ihm das Dasein erleichtern und ihm seine existenziellen Fragen beantworten sollen. Diese lauten:

Was ist der Mensch?
Was ist das Leben?
Was ist der Tod?
Was ist die Liebe?
Was ist Gott?

Die Antworten hierauf finden sich, neben den verschiedenen Philosophien, zumeist in den Religionen, die aus den ursprünglichen Fruchtbarkeitskulten entstanden und es bis heute als ihre Aufgabe ansehen, Orientierung und Halt zu geben. Doch da alle Religionen von Menschen entwickelt wurden, die dieselben Probleme mit der eigenen Persönlichkeitsreifung hatten wie jeder andere Mensch auch, bleiben sie letztlich Welterklärungsmodelle, die die Gläubigen bei der Beantwortung der vorangegangenen Fragen nicht allein lassen wollen. Da der Mensch in einer unbekannten Welt seinen Weg finden muss, schließt er sich einem mittlerweile zur Institution gewordenen Glaubensverbund an. Weil nun aber verschiedene Welterklärungsmodelle gleichzeitig um die Wahrheit ringen, entsteht ein heil-loses Durcheinander, mit dem der nach Orientierung suchende Mensch nicht erst heute konfrontiert ist.

Und wenn nun einer sagt: »Dein Welterklärungsmodell ist völlig falsch, denn in Wahrheit ist alles ganz anders«, wird der so Angesprochene in den meisten Fällen sein Modell zu verteidigen suchen und – im Extremfall – mit Gewalt auf den Vorwurf reagieren.

Von außen betrachtet, spiegeln die Religionen den Bewusstseinsstand der Menschheit wider. Während etwa die alten Ägypter noch an Isis, Osiris, Re und Amun, die alten Griechen an Zeus und die alten Römer an Jupiter glaubten, lehnen Menschen des einundzwanzigsten Jahrhunderts dies als völlig überkommene Vorstellungen ab. Sie haben sich ihre eigene Version vom Zustandekommen des Seins geschaffen, die sie nunmehr für *die Wahrheit* halten, selbst wenn immer noch *jede* Religion oder Weltanschauung für sich beansprucht, im Besitz der *alleinigen* Wahrheit zu sein. Hierbei ist die Frage interessant, ob sich das Bewusstsein des Menschen weiterhin wandeln wird und man in vielleicht zweitausend Jahren etwas ganz anderes glaubt als heute. Hintergrund dieser Überlegungen ist aber immer die Tatsache, dass der Mensch stets nach Orientierung sucht. Im Gegensatz zum Tier, das dieses Problem nicht kennt, verfügt er über die Gabe der Reflexion, mit der er über sein eigenes Denken nachdenken kann.

Leopold, einer meiner Vettern, den ich aufgrund seiner lebensbejahenden Grundhaltung besonders schätze, schrieb mir einmal einen Brief, in dem es heißt: »*Nullus salus intra ecclesia (Kein Heil in der Kirche). Der Mensch, der bei einem Gottesbild oder bei den Stellvertretern Gottes sein Heil sucht, hat den stärksten ihm von Gott gegebenen Weg zur Heilung aufgegeben: das Vertrauen auf die Teilhabe göttlicher Kraft.*« Was für ein spannender Gedanke: Gottvertrauen ohne Religion.

Das Leben ist ein grandioses Kunstwerk, egal, ob es von Gott erschaffen wurde oder sich durch einen kosmischen Zufall entwickelte. Doch nur allzu oft vergessen wir dies und leben einfach so dahin, ohne den Wert des Daseins zu verinnerlichen. Erst wenn es zu spät ist, beginnen wir zu ahnen, was unser Leben hätte sein können. Es spricht nichts dagegen, dieses Kunstwerk mit seinem eigenen Können noch weiter zu verschönern und sein Leben zu inszenieren, wie das verschiedene Künstler von Andy Warhol bis Karl Lagerfeld brillant geschafft haben. Sich an der Fülle des Lebens zu erfreuen, stets neugierig zu bleiben, die Lebenslust mit der Arbeit zu verquicken – das ist es, was sie uns lehren. In jedem Leben lässt sich so vieles entdecken, wenn es uns gelingt, den Staub zu entfernen, unter dem unser wahres Wesen verborgen liegt.

Die Grundregeln sind ganz einfach, man findet sie in dem kleinen Text »Der andere Weg« von Jochen Mariss:

7:30 Die Minute Ihres Lebens

Je stiller wir werden,
umso mehr hören wir.
Je langsamer wir leben,
umso mehr Zeit haben wir.
Je mehr Liebe wir verschenken,
umso reicher ist unser Herz.

Es ist nicht die Aufgabe dieses Buches, die oben gestellten Fragen ein für alle Mal zu beantworten. Doch finden wir einen Hinweis zu deren Lösung, wenn wir in die Tiefe gehen und dort die Frage stellen, wie es uns gelingt, der Vergänglichkeit allen Seins zu entgehen, damit Glückseligkeit entstehen kann, wovon dieses Kapitel handelt. Auch hierzu gibt es übrigens eine Schrift von Seneca, der rät, sich zunächst über sein Ziel klar zu werden, um dann den Weg dorthin zu finden. Dass dieser nicht unbedingt der sein muss, den die Masse geht, daran lässt der Philosoph keinen Zweifel. Er spricht sich deshalb für den Individualismus aus. Dann folgt eine Abhandlung über Lust und Tugend, über Geld, Macht und Besitz. Glücklich ist demzufolge derjenige, der den Forderungen der Natur folgt und sein Bestreben danach richtet, weise zu sein. Alles andere menschliche Wollen ist, da den Launen des Schicksals unterworfen, höchst zweifelhaft.

Hier folgt Seneca seinem Neffen Marcus Annaeus Lucanus, dem folgende Verhaltensregel zugeschrieben wird:

Servare modum	*Handle bescheiden*
Naturam sequi	*Folge der Natur*
Finemque tueri	*Bedenke das Ende*

Wenn wir uns fragen, wie es uns gelingen kann, *mehr* aus unserem Leben zu machen, dann zielt diese Frage auf die

Qualität ab, nicht auf die Quantität. Letztlich hinderte uns jedes Zuviel daran, das wirklich Wesentliche und Wahre zu erkennen – auch dies ist eine Forderung der Religionen. Das Lustprinzip aber lehnen die meisten ihrer Vertreter ab, weil sie meinen, dass der Mensch hierdurch verlerne, seine Wurzeln zu erkennen. Diesem Prinzip stellen sie ein tugendhaftes Leben entgegen, wobei oft nicht klar wird, weshalb die Hingabe an die Lust nicht tugendhaft sein soll. Wir alle wissen, dass Lust durchaus Glückseligkeit nicht nur verheißen, sondern sogar immer wieder hervorrufen kann.

Ein anderes Konzept, dasjenige des dänischen Lama Ole Nydahl, besagt, dass die Grundlage jeder edlen Eigenschaft die Furchtlosigkeit ist. Daraus können dann weitere segensreiche Verhaltensweisen und Eigenschaften erwachsen: die Freiheit zu lieben, idealistisch zu bleiben, innerlich zu wachsen, andere zu motivieren und selbst motiviert zu bleiben. Höchster Ausdruck hierfür ist die Forderung: *Mögen alle Wesen glücklich sein.*

Glückseligkeit oder Glück kann man natürlich auch erlangen, wenn man erkennt, dass Leben permanente Veränderung bedeutet, dass es kein Bleiben und keinen Stillstand gibt und dass man gerade deshalb nichts Statisches finden kann. Ewigkeit gibt es nur im transzendenten Sinne, und doch kann man sie bevorzugt an bestimmten Orten der Natur erfahren: am Meer, in den Bergen oder der Wüste. Nicht umsonst sind hier die religiösen Erfahrungen auch am stärksten, worüber viele Begebenheiten in den heiligen Schriften berichten. Offenbar kann der Geist die inneren Regionen des Menschen am besten ausloten, wenn ihn nichts Äußeres ablenkt.

Die fünf Fragen, die eingangs gestellt wurden, beantworten sich nun auch fast von selbst:

7:30 Die Minute Ihres Lebens

Was ist der Mensch? Ein Ausdruck der Liebe.
Was ist das Leben? Eine Chance, zu lieben.
Was ist der Tod? Eine Möglichkeit, die Liebe zu verstehen.
Was ist die Liebe? Die Verwirklichung der Glückseligkeit.
Was ist Gott? Der Ursprung der Liebe.

Ich setze hier Glückseligkeit und Liebe gleich, denn was anderes kann Liebe hervorrufen als ebendiese? Dass sie mit Lust verbunden ist oder durch Lust entstehen kann, ist nicht verwerflich, sondern liegt in unserer Natur. Weshalb sollten wir diese dann verteufeln und auf sie verzichten?

Glückselig ist der, dem alles wie von selbst gelingt. Er öffnet den Granatapfel und sieht die unendlichen Möglichkeiten, die das Leben ihm bietet. Leicht und spielerisch wird er seine Chancen wahrnehmen und seinen Weg gehen. Es können ohne Weiteres auch Umwege, Abkürzungen und Einbahnstraßen dabei sein, doch er wird sein Ziel erreichen. Leben bleibt für ihn immer ein Wunder, das er genauso wenig erfassen kann wie das Wunder, dass er es ist, der es zu erfassen versucht.

Wenn ich über mein eigenes Leben reflektiere, so kann ich sagen, dass ich Glückseligkeit immer dann erlebte, wenn ich liebte. So wird es wohl auch den meisten von Ihnen gehen. Liebe war und ist für mich immer ein Aufgehen im anderen, eine Form der positiven Selbstentäußerung, bei der *wir* mehr sind als *ich* plus *ich*: Wir übersteigen uns. Hierzu aber wird man erst durch die Liebe des Gegenübers befähigt. Und weil dieser Zustand so beglückend ist, will man ihn immer wieder erleben.

Mein eigenes Liebesleben war stets von dieser Sehnsucht getrieben. Es war mir dabei aber klar, dass sich dies nicht immer unbedingt von selbst ergeben würde, sondern dass ich viel kreative Arbeit investieren musste, um einen solchen Zustand zu erreichen. Es ist eben nichts umsonst ...

In meiner sehr lange andauernden binationalen Beziehung zu jener Frau, die ich »Nei Zen« nannte, während sie mich mit »Wei Tze« ansprach (diese Worte bedeuten auf Mandarin »Gattin« und »Gatte«), war Kreativität nicht nur der Schlüssel zu beider Seelen, sondern führte auch zum künstlerischen Ausdruck selbst. Wir versuchten, den Alltag durch die Kunst zu überwinden, was viele Jahre auch gelang, da wir uns von Projekt zu Projekt bewegten. Leider vergaßen wir in der konstanten Erfolgseuphorie, dass Liebe und Glückseligkeit keine statischen Größen, sondern so vergänglich wie alles andere auch sind. Wir glaubten zwar an uns und an eine die Zeiten überdauernde Bedeutung dessen, was wir schufen, und fanden in unserem Tun unser Lustprinzip. Allerdings vergaßen wir, uns auch als »normale« Menschen zu sehen. Wir verwechselten uns mit der Funktion, in die wir uns selbst hineinmanövriert hatten. Dort lebte es sich zwar sehr angenehm, doch niemand kann solches auf Dauer ertragen. Spätestens dann, wenn der Erfolg nachlässt oder ganz ausbleibt, wird man wieder auf das Normalmaß reduziert – und dann scheitert auch die Liebe, weil sie sich vom Erfolg abhängig gemacht hat.

Wirkliche Glückseligkeit kennt keine Abhängigkeit – das war eine der Erkenntnisse, die ich aus dieser gescheiterten Beziehung zog. Sie muss von Raum und Zeit unabhängig sein und hat mit dem Außen überhaupt nichts zu tun. Sie findet sich nur im Inneren und kann nicht korrumpiert oder künstlich herbeigeführt werden. Glückselig ist der, der auf alles verzichten kann, keine Anhaftungen mehr kennt,

7:30 Die Minute Ihres Lebens

der alles wie beim ersten Mal erlebt und versucht, anderen Gutes zu tun. Er hat sein Ego überwunden und wird somit zum Nächsten des Fernsten.

Den Mut zum Leben zu fassen und seine Fülle zu entdecken, die Möglichkeiten des Daseins trotz der Vergänglichkeit zu erfahren und als höchsten Ausdruck dessen Glückseligkeit zu erleben – dies gelingt dem Menschen vor allem dann, wenn er altruistisch, also sein Selbst vergessend, handelt. Er erlebt das Sein gewissermaßen als Schönheit, die von einem Gegenüber auf ihn zurückgeworfen wird, ohne dass er etwas dazu getan hätte. Es geschieht von selbst. Nach dem *Prinzip der Spiegelung* werden dabei das Innen zum Außen und das Außen zum Innen. Glück(seligkeit) ist demnach weder eine rein äußerliche noch rein innere Angelegenheit. Um sie zu ergründen, muss man den Zusammenhang von Glauben, Ewigkeit und der Entdeckung der Lust verstehen und vor allem erkennen, dass ihm die Liebe in ihren verschiedenen Formen und Aggregatzuständen zugrunde liegt. Sie ist es, die uns unseren Walzer des Lebens tanzen lässt und uns am Lagerfeuer der Seelen warm hält.

Leider erleben wir in unserer Unbescheidenheit *(servare modum)* oft das Gegenteil, weil wir meinen, Glückseligkeit könnte man durch Quantität und nicht durch permanente Arbeit an der Qualität erlangen.

Der Natur zu folgen *(naturam sequi)* heißt dafür die Aufforderung, denn bei ihr sind Quantität und Qualität im Gleichgewicht. Sie sind ausbalanciert. Sich der Weisheit der Natur zu verschließen hieße, seine Grundlagen zu missachten. Doch wie oft schaffen wir es noch, dieser Weisheit zu folgen? Das Gleiche gilt für die dritte Stufe zur Glückseligkeit, das Bedenken des Endes *(finem tueri)*. Erst wenn wir erkannt haben, dass jede unserer Taten ein Ende finden wird und dass nichts bleibt (zumindest nichts Materielles), können wir uns ganz der Glückseligkeit hingeben, da es nichts mehr gibt, dem wir anhaften. Wir sind zwar in der Welt und genießen sie, haben sie aber gleichzeitig auch überwunden, indem wir sie überstiegen haben. Ja, wir sind dadurch schon mehr geworden, als wir sind. Die Forderung »Mach mehr aus deinem Leben« ist also nicht dahingehend zu verstehen, dass man einen besser bezahlten Beruf ergreifen oder reich heiraten sollte, sondern dass man alles, auch das eigene Leben, als vorübergehend betrachtet. Erst dann können wir wirklich zu uns kommen. Jetzt können wir auch den anderen wirklich verstehen und ihm das Gute, das in uns ist, zukommen lassen.

Glückselig ist also der, der das erkannt hat, was der indische Dichter Rabindranath Tagore in so unvergleichlichen Worten beschreibt. Hier meine Übersetzung:

Die Wolke sprach zu mir:
Ich vergehe.

Die Nacht sprach:
Ich tauche in den feurigen Morgen.

Der Schmerz sprach:
Ich verharre in tiefem Schweigen als deine Fährte.

Das Leben sprach zu mir:
In die Fülle sterbe ich hinein.

Die Erde sprach:
Mein Licht küsst deine Gedanken in jedem
Augenblick.

Die Tage vergehen, sprach die Liebe,
doch ich warte auf dich.

Der Tod sprach: Ich ziehe das Boot
deines Lebens über das Meer.

7:30 Die Minute Ihres Lebens

Wenn wir trotz des Wandels und Vergehens die in allem Sein stets und für immer wirksamen Lebensprinzipien erkennen, bekommen wir eine Ahnung von Ewigkeit.

INSPIRATION 3

In die Fülle hineinsterben – kann das wirklich zur Glückseligkeit führen? Sicher ist sterben hier nicht im Sinne von ewiger Dunkelheit gemeint. Da dieses das Leben von sich selbst behauptet, geht es um den Prozess des ewigen Werdens und Vergehens. Wenn man diesen anerkennt, wird man weder an Materiellem noch an Geistigem anhaften, sondern den Rhythmus des Seins vollziehen. Und gerade dies führt zur Erlösung und somit zur Glückseligkeit.

Es gibt in jeder Beziehung, egal, ob beruflich, privat oder familiär, Einengendes, das Sie zu bestimmten Verhaltensmaßnahmen zwingt, die für die Beteiligten nicht immer von Vorteil sind, einschließlich Ihrer selbst. Betrachten Sie, anstatt Entscheidungen negativer Natur bewusst herbeizuführen, die Dinge erst einmal von außen mit Ge-lassen-heit. Danach können Sie sie gehen lassen. Sie haben sich nun befreit, können Ihre Tage mit Leichtigkeit füllen und durch die dabei entstandene Freude das Leben wieder genießen, bis Sie in Ihrer neu gewonnenen Leichtigkeit auch die Glückseligkeit entdecken.

Gehen Sie am nächsten Morgen
für 60 Sekunden in sich, und
konzentrieren Sie sich ganz auf
Die Minute meines Lebens,
die nun folgt:

> ## DIE MINUTE MEINES LEBENS
>
> Ich erkenne,
> dass alles dem Wandel unterliegt,
> und empfinde dies als Befreiung von dem,
> was mir Fesseln auferlegen will.
> Ich entdecke eine nicht für möglich
> gehaltene Freiheit in mir.
> Leichtigkeit erobert mein Herz.
> Ich bin glücklich.

ÜBUNG

- Planen Sie Ihren nächsten Urlaub am Meer, in einer Wüste (was ja heute ohne Probleme machbar ist) oder im Gebirge.

- Versuchen Sie, egal, wo Sie letztlich sein werden, eine Begegnung mit der Ewigkeit herbeizuführen, indem Sie sich beispielsweise an einem Strand niederlassen und einige Zeit intensiv auf die Wellen schauen.

- Verbinden Sie sich dabei körperlich und geistig so gut und tief, wie es nur geht, mit dem Element, das Sie gerade umgibt, also mit dem Wasser, dem Sand oder der Luft. Spüren Sie, wie auch die Elemente belebt sind. Werden Sie gedanklich zu diesem Element. Atmen Sie im Gleichklang mit dem Element. Hören Sie auf die Stimmen der Natur.

7:30 Die Minute Ihres Lebens

Lassen Sie Ihre Gedanken los. Werden Sie innerlich leer. Sie werden nun vor Ihrem inneren Auge ein goldenes Licht sehen. Folgen Sie ihm. Es führt Sie dorthin, wo Ihr Ursprung ist. Nun umhüllt Sie das Licht vollständig. Sie fühlen keinerlei Bedrängungen mehr. Sie haben sich von allem gelöst. Sie haften an nichts mehr an. Sie sind niemandem mehr wegen irgendetwas, das sich in der Vergangenheit ereignet hat, böse. Sie entschuldigen sich für alles, was Sie anderen, wissentlich oder unwissentlich, angetan haben. Nun ist alles verziehen. Sie sind mit sich im Reinen. Jetzt können Sie die Grenzenlosigkeit Ihres Geistes erfahren. Sie erleben Glückseligkeit.

4
Traktat über die Muße

Gelassenheit als Ausdruck
einer kulturell-geistigen Entwicklungsstufe

Die in Polen geborene Jüdin Marylka Bender war ein ganz besonderer Mensch, dem ich für mein Weltverständnis enorm viel zu verdanken habe. Als sie zwei Wochen vor ihrem hundertundfünften Geburtstag starb, war es für mich, als sei eine ganze Epoche mit ihr gegangen.

Dreißig Jahre lang hatte ich sie begleiten dürfen, war mit ihr und ihrem Mann in die Tiefengründe des Seins eingetaucht. Beider grundlegende Geisteshaltung war die der altchinesischen Zen-Philosophie, dessen Wesen sich als Entwicklung eines Erlebnisstroms im Individuum umschreiben lässt. Dieser Strom gestattet es, sich einem vom begrifflichen Denken befreiten und vorstellungsentleerten Seinserlebnis hinzugeben. Marylka Bender setzte diese Gesinnung in Zen-Malerei um, die sie als große Befreiung beschrieb und deren Sprache jenseits der Sprache liegt. Die spontane Tuschemalerei, die ihr ein Hauptanliegen war, entstand als Libidowurf in Sekundenschnelle. Fehler verzeiht diese Art der Malerei nicht, Korrekturen sind nicht möglich.

Um das Entstehen der Bilder zu veranschaulichen, erzählte sie mir einmal von einem Hahnen-Zen-Bild, für das der Sage nach der chinesische Kaiser tausend Goldstücke entrichten sollte, obwohl es der Künstler vor seinen Augen schnell wie ein Blitz auf das Blatt warf. Der Kaiser zahlte nicht ohne Murren. Darauf führte der Maler ihn in einen

7:30 Die Minute Ihres Lebens

Nebenraum, der bis zur Decke mit bemalten Blättern gefüllt war. Sie alle zeigten nichts als Hähne: Übungen auf dem Weg zum vollkommenen Libidowurf. Damit ein solches Bild in dieser Technik aber überhaupt entstehen kann, bedarf es als Grundlage der Entspannung, der Meditation, der Leere. Dabei ergibt sich die Ausgewogenheit aus dem Zusammenfließen des verinnerlichten Weltbildes von Weite und Leere mit dem körpereigenen Rhythmus absichtslos von selbst, wie Marylka Bender in ihrem Buch *Der tanzende Pinsel* schreibt.

Für sie und ihren Mann stand der *Sprung ins Leere*, die Sprengung der Begriffs- und Bewusstseinsfessel und der Weg zur Höchstbewusstheit, im Vordergrund ihres Schaffens, und beide erreichten in ihrer Kreativität diese uralte kulturell-geistige Entwicklungsstufe. Die Grundlage dafür bot sich ihnen zunächst im Autogenen Training und später in der dem Zen-Weltbild entspringenden Gelassenheit. Die antiken Griechen verwandten für diese den Begriff der *Sophrosyne,* was »heitere Gelassenheit« bedeutet.

Ich erzähle dies so ausführlich, weil wir hier die geistige Voraussetzung für ein Leben in Muße finden, für Seelenfrieden und jene Haltung, die fähig ist, die Dinge des Daseins wie von außen zu betrachten, und die wir in unserer Verstrickung in das moderne Leben so oft vermissen, ohne dass es uns allerdings bewusst wäre.

Im Gegenteil: Wir verhalten uns meist so, als sei alles, was uns gelingt oder nicht gelingt, so wichtig, dass nichts daneben bestehen könne. Als Egozentriker interessieren uns nur die eigenen Belange, auf die von anderen wollen wir uns erst gar nicht einlassen (es sei denn, es sind die unserer Kinder). Deshalb ist es auch so einfach, die Schuld auf andere zu schieben, da wir ja an diesem oder jenem Umstand gar nicht schuld sein können. Zen hingegen führt uns vom Denken zum Wissen, von der Erfahrung aus zweiter Hand zur unmittelbaren Erfahrung. Daher rühren auch oft die sehr tiefsinnigen Zen-Geschichten.

Eine solche, allerdings sehr moderne und noch dazu als Cartoon gezeichnete, sah ich vor einigen Jahren in einer spirituellen Zeitschrift. In einem einzigen Bild erzählt sie Folgendes: Ein alter Meister lehnt an einem Berg und meditiert. Vor ihm befindet sich ein Fluss. An diesen gelangt nun ein Schüler, der den Meister aufsuchen will. Es gibt aber keine Brücke. Deshalb ruft der Schüler über den Fluss: »Meister, wie komme ich zur anderen Seite?« Da antwortet der Meister, aus seiner Meditation erwachend: »Du bist auf der anderen Seite.«

In dieser kleinen Geschichte erfahren wir, was Gelassenheit bedeutet, deren Grundlage die Muße ist, wenn wir diese als Zeit der Nichtarbeit verstehen, die der Erholung des Körpers und des Geistes dient.

Ein anderer Ausdruck hierfür ist *Gemütlichkeit*. Damit ist nicht das gemütliche Schunkeln im Bierzelt gemeint, sondern die Philosophie des Bären Balu, der sie uns, wie ich schon in der Einführung sagte, durch sein berühmtes Lied aus Walt Disneys Zeichentrickfilm *Das Dschungelbuch* nahegelegt hat: »*Probier's mal mit Gemütlichkeit …*«

Muße, Wohlbehagen, Gelassenheit – diese Trias ist der westlichen Welt fremd geworden, da sie in ihrer Hingabe an das Materielle sich schon so weit entäußert hat, dass sie um ihre geistigen Grundlagen bangen muss. Der Konsum als höchster Ausdruck eines fehlgeleiteten Eros, der seine Befriedigung im Einkaufen, also im Nehmen (der Ware) und im Geben (des Geldes)) findet, beherrscht mittlerweile so große Teile unseres Daseins, dass wir für den natürlichen Zustand, eben den der Muße und Gelassenheit, wiederum Geld ausgeben, um diesen entweder in Form von Freizeit-

7:30 Die Minute Ihres Lebens

und Wellnessangeboten oder in der Heilung von Burn-out-Syndromen wiederzuerlangen. Doch wird uns das so niemals gelingen, da wir die Symptome behandeln, nicht die Ursache. Diese liegt in einem falschen Weltverständnis begründet, das meint, ein *Höher, Weiter, Schneller* sei eine erstrebenswerte Lebensmaxime. Wir stoßen dabei aber an unsere eigenen Grenzen – und da wir sie nicht überwinden können, werden wir krank, nicht nur individuell, sondern sogar gesamtgesellschaftlich. Im persönlichen Bereich hingegen führt eine solche Lebensauffassung rasch zu einem egoistischen Selbstbild, das für narzisstische Kränkungen sehr anfällig ist. Hierzu möchte ich eine kleine Geschichte erzählen, die sich vor einigen Monaten zugetragen hat: Zusammen mit einem Kollegen wartete ich abends in einem Restaurant auf unsere Geschäftspartner. Da diese sich verspäteten, überbrückten wir die Zeit mit einem Gin Tonic. Der Kellner reichte Nüsse dazu. Mein Glas war außen leicht nass, und durch das Greifen in die Schale mit Nüssen wurden meine Finger etwas klebrig. Da die Herrschaften, die wir erwarteten, mittlerweile eingetroffen waren, blieb mir keine Zeit mehr, die Hände auf der Toilette zu waschen, und so versuchte ich es immer wieder mit einem Taschentuch und an der Hose, was offenbar einen leisen Dauerraschelklang erzeugte. Auf dem Nachhauseweg fuhr mich mein Kollege an: »Ich hätte dich mit deiner Raschelei auf den Mond schießen können!« Ich blickte ihn ganz ruhig an und sagte: »Ja, das wäre eine Möglichkeit gewesen. Ich kenne aber noch eine andere. Du hättest fragen können: ›Hast du irgendwelche Schwierigkeiten? Kann ich dir vielleicht helfen?‹« Der Kollege schwieg betroffen.

Hätte ich auf seinen kleinen Ausbruch aggressiv reagiert, wäre die Situation sicherlich nicht besser geworden. Durch meine Gelassenheit aber konnte ich ihn beruhigen. Ich musste an die Vertreter der altrömischen Schule der Stoa denken, die sich dadurch auszeichneten, angesichts von Unbilden, egal welcher Art, vollkommene Unerschütterlichkeit zu demonstrieren.

Wer so denkt und handelt, weiß, dass sich jede negative Situation auch wieder ändern wird. Er bleibt deshalb nicht im Aktuellen stecken, sondern bedenkt schon die Zeit *danach*. Dadurch lernt er, mit jeder Situation umzugehen, ohne die Nerven zu verlieren. Weder überzogene Erwartungen noch uneingelöste Versprechen nehmen ihm die Lust am Leben. Er weiß, dass das Leben eines Tages zu Ende gehen wird – weshalb soll er sich in diesem Moment also mit etwas belasten, das ihm und seinem Gegenüber nicht guttut?

Denken wir an unsere verbleibende Lebenszeit, dann sollten wir auch darüber reflektieren, was genau in diesem Augenblick bei unseren Familienmitgliedern und Nachbarn, in unserem Haus, unserer Straße, unserem Viertel, unserer Stadt, unserem Land, auf unserem Erdteil, auf allen Kontinenten, auf und in den Ozeanen, im Sonnensystem, in der Milchstraße, in der Galaxie, im Universum, in einem möglichen Multiversum geschieht.

Wir verstehen nun, dass unser gegenwärtiges Anliegen für uns zwar wesentlich ist, aber gleichzeitig auch völlig unbedeutend angesichts dessen, was in dem Moment, in dem wir etwas tun, ebenfalls passiert. Daraus können wir schlussfolgern, dass wir zugleich alles und nichts sind, enorm wichtig, aber eben auch völlig unwichtig. Es kommt auf die Perspektive an ...

Alles verblasst angesichts des Kosmos – und doch: Wir sind es, die dies erleben beziehungsweise unser Geist ist es, der all das, was ist, wahrnehmen kann. Marylka Bender sagte mir in einem perönlichen Gespräch einmal Folgendes: »*So-*

7:30 Die Minute Ihres Lebens

fern er denkt, braucht der Mensch offenbar eine Vorstellung des Woher, Wohin und Warum. Auch wenn er darauf kommt, dass für ihn die gleichen Antworten gelten wie für alles, was lebt, nämlich dass er aus der Leere kommt, in die Leere geht und dazwischen eine relativ kurze Zeit lebt aufgrund der gleichen Kraft, die den Grashalm durch die engsten Ritzen des Felsens treibt, dass er eingebunden ist in den Kreislauf allen Lebens, kann er mit dieser Vorstellung beruhigt leben. Denn in dem Maße, in dem er lernt, sich mit allem Lebendigen, ja, mit allem Existierenden eins zu fühlen, schrumpft die Wichtigkeit des Ichs.«

Ich nenne dieses Kapitel *Traktat über die Muße*, weil ich der gleichen Auffassung bin wie Marylka Bender. *Muße* bedeutet für mich in diesem Zusammenhang nicht die Abwesenheit von Arbeit, sondern die Fähigkeit, sich *gelassen* mit den großen Fragen des Daseins auseinanderzusetzen. Natürlich muss vorher der Bauch gefüllt sein, das muss ich unumwunden zugeben und voraussetzen. Wir könnten jedoch, nachdem dies geschehen ist, uns in der Tat dieser Muße hingeben, um immer mehr über das Geheimnis unserer Existenz zu erfahren und uns dadurch der Beantwortung der drei Kardinalfragen *Woher komme ich? Warum bin ich überhaupt hier? Wohin gehe ich?* beständig anzunähern. Dadurch erreichen wir gleichzeitig eine hohe geistig-kulturelle Entwicklungsstufe, bei der wir zum Beispiel jene indianische Weisheit verstehen werden, die besagt, dass sich der Frieden niemals überraschend einstellt, dass er nicht wie Regen vom Himmel fällt, sondern zu denen kommt, die ihn vorbereiten.

Somit ist der Zusammenhang zwischen Muße, Gelassenheit und dem Grad unserer geistig-kulturellen Evolution kohärent. Wir könnten die Zeit, die uns zum Leben bleibt, ganz anders nutzen, als uns über die Vergänglichkeit unserer

Existenz den Kopf zu zerbrechen. Das aber ist vermutlich in letzter Konsequenz kaum möglich. Spätestens beim Tod der eigenen Eltern wird ein Mensch, dem all dies egal ist, merken, dass auch er aufgefordert ist, sich dem Rätsel von Leben und Tod zu stellen. Die moderne Welt, in der alles machbar zu sein scheint, klammert solche Fragen gerne aus, weil sie den Prozess des gedankenlosen Konsumierens stören würden. Die Kirchen und die Politik scheinen im Bereitstellen von Antworten an ihre Grenzen gelangt zu sein, weshalb der Markt der spirituellen Angebote boomt. Denn der Mensch strebt immer nach Lösungen für seine Probleme, die stets der Ungewissheit entstammen, vor allem was die Frage nach dem Tod betrifft.

Für Marylka Bender war die Vorstellung eines Lebens nach dem Tode naive Ichbezogenheit. Sie begründete dies streng physikalisch. Die Wiederaufbereitung der Natur, so meinte sie, dürfte so weiträumig sein, dass eine Neuformierung der Atome, in die der Körper nach dem Tod zerfallen wird, nichts mit der ursprünglichen Komposition zu tun habe. Auch das Bild einer von Atomen unabhängigen Seele, die beim Ableben wie Rauch aus dem Kamin entschwindet, war für sie ein naiver Märchenglaube. Selbst wenn es etwas in dieser Art gäbe, meinte sie einmal bei einer Diskussion mit mir, hätte dieser evaporierte Nebel nichts mehr mit der ursprünglichen Identität zu tun. In heiterer Gelassenheit nahm sie weder sich selbst noch ihr Alter schrecklich ernst. Der Tod stellte für sie ein ganz normales Ende dar. *»Es ist mir natürlich bewusst«*, sagte sie mir fast drei Jahrzehnte vor ihrem Tod, *»dass er existiert und dass er mich treffen wird, aber mein Ich-Gefühl ist ohnehin nicht so entwickelt, dass ich mir nicht vorstellen könnte, die Welt würde ohne mich nicht weiterexistieren.«* Wie sie sich das Ende vorstellte, hat

7:30 Die Minute Ihres Lebens

sie in einem bislang unveröffentlichen Gedicht festgehalten, das den Titel *Die Null* trägt:

> *Was mich erwartet,*
> *weiß ich nicht.*
> *Doch wird es*
> *kein ICH mehr geben.*
> *Kein Ich und keine Erinnerung*
> *an ein gelebtes Leben.*
>
> *Was heute noch mein Körper,*
> *erkennend sein Sein,*
> *wird in Atome zerfallen*
> *und neu sich formen*
> *zu anderem Reim.*
>
> *Nur eines, so glaub ich*
> *aus meiner Sicht:*
> *Eine Null ohne Umrandung,*
> *die gibt es nicht.*

Und in einem anderen, ebenfalls unveröffentlichten Gedicht schreibt sie:

> *Die Sonne scheint.*
> *Sie wird noch lange scheinen –*
> *wenn auch nicht mehr für mich.*
> *Ich werde dankbar scheiden*
> *aus ihrem goldenen Licht.*

Die Zeit, die uns zum Leben bleibt, hat Marylka Bender wahrhaft ausgefüllt. Was habe ich von ihr gelernt? Vor allem das *Carpe diem* (»Nutze den Tag«). Ich sage dies speziell vor dem Hintergrund, dass sie mit ihrem Vater 1937 vor den Nazis nach Paris floh. Aber auch dort war sie vor den Schergen des SS-Staates nicht sicher, und so zog die Familie weiter nach Lourdes. Dort jedoch wurde Marylka als Sechzehnjährige verhaftet und sollte deportiert werden. Einem glücklichen Umstand zufolge konnte sie den Zug, in dem sie bereits saß, als Einzige wieder verlassen. Niemand sonst kehrte aus ihm zurück.

Den Rest des Krieges verbrachte sie von Nonnen versteckt in einem winzigen Weiler in Südfrankreich. Als sich das Leben wieder normalisierte, fuhr die Familie nach Lourdes zurück, da Marylkas Vater der Kirche als Dank für die Rettung seiner Tochter ein Altarbild versprochen hatte. Er machte sich sogleich an die Arbeit.

Wenn sie auf diese Zeit angesprochen wurde, antwortete Marylka Bender zwar stets zurückhaltend, aber dennoch ohne Gram. Natürlich sei sie dankbar, gleichzeitig aber empfände sie es als ungerecht, gerettet worden zu sein, da von ihren Mitgefangenen keiner den Transport überlebt hatte.

In Paris und später in München führte sie dann mit ihrem Mann, dem Erkenntniskritiker Christian Kellerer, ein sehr bescheidenes Leben, das sie der Literatur, Philosophie und Kunst widmete. Der Freundeskreis der beiden war im Durchschnitt jeweils vierzig Jahre jünger, und wann immer es etwas zu diskutieren gab, waren Christian und Marylka mittendrin. Spät erst begann Marylka Bender zu schreiben. Ihr erstes Werk erschien, als sie achtundachtzig Jahre alt war, das zweite mit zweiundneunzig, das dritte zu ihrem hundertsten Geburtstag und das vierte veröffentlichte sie mit hundertundzwei Jahren. An einer Fortsetzung dieses vierten Werkes arbeitete sie bis zu ihrem Tod.

Im Gegensatz zu vielen Menschen, die ihr Alter als schwere Belastung empfinden, fing sie dort erst an, richtig loszulegen,

7:30 Die Minute Ihres Lebens

freilich immer bescheiden bleibend. Diese Bescheidenheit ist das Nächste, was ich von ihr lernte. Auch begeisterte mich ihre Kunst, zuzuhören und alles mit einem gewissen Abstand zu sehen. Sie sprach meist von einer höheren Warte aus, gelassen, aber nicht unbeteiligt, im Gegenteil. In meiner Wahrnehmung hatte sie eine geistig-kulturelle Entwicklungsstufe erreicht, die natürlich ihre Wurzeln hatte: anfangs das künstlerische Elternhaus, später die Beschäftigung mit den geisteswissenschaftlichen Erkenntnissen ihres Mannes, schließlich das Aufgehen in der Zen-Philosophie.

Ich kann sehr gut nachvollziehen, wenn nun einige Leserinnen und Leser einwenden, dass dies nur möglich war, weil sie aus großbürgerlichen Verhältnissen stammte. Das mag richtig sein, aber man darf nicht vergessen, dass auch Menschen aus anderen »Schichten« dazu in der Lage sind. Natürlich schafft der Bildungsgrad Voraussetzungen, umgekehrt aber gelingt es auch bildungsfernen Menschen immer wieder, Erstaunliches, egal auf welchem Gebiet, hervorzubringen. Und schließlich war es die enorme Gelassenheit, die Marylka Bernder vorlebte. Nichts schien sie aufzuregen, immer war sie *relaxed* – wie man modern sagen würde. Sie vollzog das, was der Theologe Georg Moser über die Gelassenheit äußerte, die man nur in der Besinnung auf das Wesentliche gewinnen könnte.

Die Quintessenz ihrer Erdenjahre hört sich ebenfalls entspannt an: »*Etwa vier Generationen haben seit meiner Geburt inzwischen das Licht der Welt erblickt. Und was haben sie während dieser hundert Jahre gemacht? Wie jede Generation haben sie manche Vorgänge in der Natur besser verstanden und versucht, Nutzen daraus zu ziehen, so wie ein Hund sich die Wurst holt, wenn er einmal begriffen hat, wo sie liegt. Heute kann der Mensch Fern-Sehen, Fern-Hören, Fern-Sprechen, im Weltall persönlich den Mond besuchen. Sein Gehirn hat sich tatsächlich entwickelt – nur seine Gefühle sind unverändert geblieben. Seit Tausenden von Jahren weiß er, dass es gut für sein Leben wäre, wenn er innerhalb der menschlichen Herde mit seinen Mitmenschen in Frieden zusammenleben würde. Aber während eben dieser Tausenden von Jahren hat sich die Herde unzählige Male gegenseitig die Köpfe eingeschlagen, im zwanzigsten Jahrhundert ebenso wie vor zehntausend Jahren, mit immer grausameren Waffen. Es scheint, dass die Natur für ihr Gleichgewicht das braucht, was der Mensch mit seinen Vorstellungen als ›gut‹ und ›schlecht‹ bezeichnet. Es ist offenbar ein Naturgesetz, dass jede Seite auch eine Kehrseite haben muss. Wenn dem wirklich so ist, werden die künftigen hundert Jahre auch nicht leichter zu durchleben sein als die vergangenen. Die Hüte werden mal größer, mal kleiner sein, die Röcke mal kürzer, mal länger werden, aber solange menschliches Denken und menschliches Fühlen nicht im Rhythmus funktionieren, wird im Grunde alles so bleiben, wie es bisher war.«*

Auch wenn dies mehr realistisch als optimistisch klingt, bin ich davon überzeugt, dass wir uns gerade durch die Beschäftigung mit der Spiritualität zu Wesen entwickeln, die gelernt haben, »die Dinge« anders zu sehen als von ihrem reinen Nutzwert her. Möglicherweise hat Marylka Bender mit ihrer Vorstellung hierüber recht. Schön wäre es, darüber gelassen und in aller Muße weiterdiskutieren zu können – und zwar konstruktiv … Probieren Sie es!

7:30 Die Minute Ihres Lebens

INSPIRATION 4

Wie kann man angesichts einer hektischen und immer komplizierter werdenden Welt Gelassenheit üben, entspannt sein und Muße entwickeln, ohne auf dem Sofa zu liegen? Wie mag es gelingen, seinen Seelenfrieden zu finden, wenn man immer wieder von Problemen privater oder beruflicher Natur bedrängt wird? Genügt es, »cool« zu sein? Helfen Sabbatical, Jakobsweg oder Kloster auf Zeit? Oder kommen danach die Probleme wieder, abgesehen davon, dass sich ein arbeitender Mensch mit Familie und gesetzlich geregeltem Jahresurlaub solchen Zeit-Luxus gar nicht leisten kann?

Es gibt gewiss viele alternative Möglichkeiten. Letztlich kann aber jeder Versuch nur dann gelingen, wenn Sie wieder mit sich selbst selbig werden. Das bedeutet, Ihr inneres Wesen, das Sie verdrängt haben, Ihren Seinsgrund sozusagen, wiederzufinden, um erneut Gestalt anzunehmen und sich nicht länger vor sich schämen zu müssen. Sie werden der, als der Sie gedacht sind. Das ist mit Selbstverwirklichung im ursprünglichen Sinne gemeint. Dies verschafft Ihnen die Befriedigung, die eine solche Befreiung in Selbstliebe mit sich bringt. Und wie wir im 7. Kapitel noch sehen werden, gibt es zwischen Freiheit, Frieden und Liebe eine ganz tiefe Verbindung.

Gehen Sie am nächsten Morgen
für 60 Sekunden in sich, und
konzentrieren Sie sich ganz auf
Die Minute meines Lebens,
die nun folgt:

DIE MINUTE MEINES LEBENS

Ich kann ge-lassen sein,
weil ich das,
was mich bedrängt,
gehen lasse,
um wieder ich selbst zu werden.

ÜBUNG

- Besuchen Sie einen Friedhof. Betrachten Sie die Gräber. Bedenken Sie, dass all die Menschen, die hier bestattet sind, zu ihren Lebzeiten wohl nicht frei von Sorgen oder Bedrängnissen waren, dass sie Probleme meistern mussten, Not litten, Schicksalsschläge und Kummer erlebten. Denken Sie nun an sich und Ihre eigenen Sorgen, Probleme und Nöte. Schauen Sie sich wieder die Gräber an. Verstehen Sie, dass mit dem Tod auch all das Negative endet? Wenn ja, weshalb versuchen Sie nicht Ihren Sorgen, Problemen und Nöten schon jetzt gelassen zu begegnen? Ihr Bewusstsein ist nun so geschult, dass Sie dazu in der Lage sind, denn Sie wissen schließlich, dass mit dem Tod das Negative verschwunden ist. Räumen Sie dem Negativen aber auch in der Zeit, die Ihnen zum Leben bleibt, möglichst wenig Platz ein. Füllen Sie Ihre Zeit mit Positivem wie Freude und Liebe an.

V
Sonnengesang

Die Verehrung des Daseins:
Über Demut, Bescheidenheit und
die Hybris des Menschen

Vor bald achthundertfünfzig Jahren wurde im italienischen Assisi ein Mann namens Giovanni Battista Bernardore geboren, der als Franz von Assisi weltberühmt werden sollte. Als Gründer des Ordens der Minderen Brüder, aus dem später der dem Armutsideal anhängende Franziskanerorden entstand, verehrte der heilige Franz die Schöpfung und deren Urheber in besonderer Weise. Sein berühmter *Sonnengesang* legt davon bis heute ein beeindruckendes Zeugnis ab.

Höchster, allmächtiger, gütiger Herr;
Dein ist der Preis und der Ruhm und die Ehre und
jeglicher Segen.
Dir allein, Allerhöchster, gebühren sie,
Und kein Mensch ist würdig, dich zu nennen.

Gepriesen seist du, Herr, mit all deinen Kreaturen;
Besonders mit der edlen Schwester Sonne,
Die uns den Tag bewirkt und uns erleuchtet durch
ihr Licht.
Und schön ist sie und strahlt in großem Glanze.
Von dir, o Allerhöchster, ist sie Sinnbild.

Sonnengesang – 5

Gepriesen seist du, Herr, durch den Bruder, den Wind,
Auch durch die Luft und Wolken,
Durch heitere und jede Witterung.
Durch welche du Erhaltung schenkest deinen
Kreaturen.

Gepriesen seist du, Herr, durch den Bruder,
das Wasser,
Das nützlich ist gar sehr,
demütig, kostbar und keusch.

Gepriesen seist du, Herr, durch unseren Bruder,
das Feuer,
Durch welches du die Nacht erleuchtest.
Und es ist schön und freudespendend, stark und
mächtig.

Gepriesen seist du, Herr, durch unsere Schwester,
Mutter Erde,
Die uns ernährt und regiert
Und mannigfache Früchte trägt und bunte Blumen
und Kräuter.

Gepriesen seist du, Herr, durch jene,
Die aus Liebe zu dir verzeihen
Und Schwachheit und auch Trübsal leiden.
Selig, die in Frieden dulden,
Weil sie von dir, o Allerhöchster, einst gekrönet
werden.

Gepriesen seist du, Herr, durch unseren Bruder,
leiblichen Tod,
Dem nie ein Lebender entrinnen kann.

7:30 Die Minute Ihres Lebens

Weh' jenen, die in deinen heiligen Willen
sind ergeben,
Denn ihnen wird der zweite Tod kein Leides tun.

Lobet und preiset den Herren und danket ihm
Und dienet ihm mit großer Demut!

Für sehr viele Menschen sind die Zeiten, in denen man solches schreiben oder glauben kann, endgültig vorbei. Die Wissenschaft hat sich aufgemacht, uns den letzten Rest des Glaubens der Vorväter und -mütter auszutreiben. Heute herrschen nicht Demut und Bescheidenheit sowie Hingabe an die Schöpfung. Vielmehr ist der Mensch davon überzeugt, die Erde so gestalten zu können, wie *er* es will. Nicht mehr das *Fiat voluntas tua* (»Dein Wille geschehe«) ist der Maßstab für das menschliche Handeln, sondern das unbarmherzige *Mein Wille geschehe.*

Da aber die verschiedenen Kulturen verschiedene Wertvorstellungen haben, kommt es vermehrt zu dem, was der Politikwissenschaftler Samuel Huntington »*Clash of Civilizations*« *(*»Kampf der Kulturen«*)* nennt. Dabei geht es um eine Abgrenzung innerhalb des Globalisierungsprozesses, um eine Neuordnung der Welt nach dem Ende des Ost-West-Konfliktes, der allerdings gerade wieder im Aufflammen ist. Es geht um Macht, um neue und alte Feindbilder, um Ideologien, um eine Verringerung des Miteinanders und ein Aufblühen des staatlichen und individuellen Egoismus. Die Werte-Diskussion ist voll entfacht, wobei die verschiedenen Kulturen unterschiedliche Werte vertreten, von denen sie behaupten, dass es die richtigen seien. Diese Diskussion wird selbst dort geführt, wo es nichts zu beweisen, sondern nur zu glauben gibt, etwa bei Debatten über die unterschiedlichen Jenseitsvorstellungen.

Diesem Kampf der Kulturen oder, präziser, der Werte liegt stets die Hybris des Menschen zugrunde, entweder zu wissen, was das Beste für ihn (und somit für alle) sei, oder seine Anmaßung, durch sein Handeln diese Welt zur besten aller möglichen machen zu können. Da wir aber weder unseren Ursprung kennen, noch unsere Existenz wirklich verstehen, wäre es da nicht sinnvoller, auf diesen Gebieten weiterzuforschen, anstatt beispielsweise immer neue Waffensysteme zu kreieren, mit denen wir zwar unser Ende schaffen, aber unseren Anfang noch weniger verstehen können? Die menschliche Anmaßung ist, seitdem Nietzsche verkündet hat, »*Gott ist tot*«, ins Unermessliche gewachsen. Doch selbst wenn sie richtig sein sollte, hat sie unser Dasein verbessern können? Ist es ihr gelungen, den menschlichen Hang zum Krieg zu unterbinden? Was hat ihr das *Höher, Weiter, Schneller* gebracht? Und warum vernachlässigt sie das *Tiefer, Näher, Langsamer*?

Demut und Bescheidenheit können niemals falsch sein, gerade deshalb, weil der Mensch eben *nicht* der Herr der Welt ist. Das sollte er spätestens dann begreifen, wenn wieder einmal eine Naturkatastrophe wie der Tsunami von 2004, bei dem schätzungsweise zweihundertfünfzigtausend Menschen innerhalb weniger Stunden ihr Leben verloren, zeigt, dass eben nichts kontrollierbar ist. Jeder, der Golf spielt, lernt diese Demut (oder sollte es zumindest). Gerade wenn er meint, einen großartigen Schlag ausführen zu können, wird der Ball anstelle von zweihundert Metern nur zwanzig Meter weit fliegen, obwohl es tags zuvor klappte. Der kürzeste aller Golferwitze lautet demnach auch so: Gestern.

Bei Automobil-Fahranfängern verhält es sich oft ähnlich. Wenn man meint, jetzt würde man »es können«, passiert der Unfall.

7:30 Die Minute Ihres Lebens

Ohne Demut und Bescheidenheit gäbe es keine Heilberufe in unserer Welt, keine Menschen, die andere pflegten, niemanden, der aufpasst, dass uns nichts zustößt. Wir nehmen diese sozialen Wohltaten ganz selbstverständlich hin, verstehen ihre Bedeutung aber oft erst dann, wenn niemand da ist, der uns hilft. Die Hybris nützt uns nichts, wenn wir arm, schwach oder krank sind. Die Bescheidenheit dagegen schon, genauso wie die Hinwendung an eine höhere Macht, deren Existenz wir schon wegen der Hoffnung auf Hilfe mit einem Mal schätzen würden.

Wenn Franz von Assisi in seinem *Sonnengesang* Erde, Wind, Wasser, Feuer und Sonne anruft, so meint er damit die Elemente, die uns einerseits das Leben ermöglichen, andererseits aber selbst von einer höheren Macht geschaffen sind. Gleichzeitig verweist er uns auf das Ende aller Tage, wenn er schreibt, dass »*kein Lebender*« dem Tod je entrinnen kann. Auch er hat eingesehen, dass angesichts des Endes alles, was der Mensch erschaffen hat, bedeutungslos wird. Für den heiligen Franz, dessen Namen der jetzige Papst Jorge Mario Bergoglio sicher nicht grundlos angenommen hat, mag die Lösung der irdischen Probleme in der Hinwendung zu und im Aufgehen in Gott gelegen haben. Doch sind aufgeklärte Christen heute in der Lage, Ähnliches zu denken? Vermutlich nicht. Das liegt aber nicht daran, dass diese Menschen nun besonders schlecht wären, sondern ganz einfach an dem Umstand, dass sich das Bewusstsein durch die Naturwissenschaften in den vergangenen zweihundert Jahren verändert hat, auch wenn es heute gerade durch die Physik wieder Annäherungen an die Spiritualität gibt. Auch die Mathematik mit ihrer fraktalen Geometrie befindet sich auf dem Weg, so etwas wie einen Schöpfergeist im Universum ausfindig zu machen, ganz zu schweigen von der Astrophysik und der

Kosmologie. Es wird spannend sein zu beobachten, was diese Wissenschaften in den kommenden Jahrzehnten zu diesen Themen herausfinden werden, denn sie untersuchen ja nichts Geringeres als unseren Ursprung. Aus diesem *Woher* kann man auch Antworten auf das *Warum* und *Wohin* ableiten. Dass die Hybris des Menschen dann der Demut und Bescheidenheit weichen könnte, bleibt zu hoffen.

In diesem Zusammenhang wird verständlich, wie nötig Ethik und Moral sind, um das menschliche Miteinander nicht völlig aus dem Gleichgewicht geraten zu lassen. Hier gibt es zwar auch unterschiedliche Auffassungen, doch in einem Punkt, nämlich dem Erhalt menschlichen Lebens, herrscht Konsens, so wie es das fünfte Gebot »*Du sollst nicht töten*« formuliert. Auch wenn man nun einwenden möchte, dass die Lehren vom sittlich Guten, wie sie von den Religionen verkündet werden, nicht dazu beigetragen haben, die beiden größten Tragödien der Menschheitsgeschichte zu verhindern, so darf man nicht vergessen, dass gerade diese Tragödien (der Erste und der Zweite Weltkrieg) so beschaffen waren, dass die Gottesferne, der Un-Glauben, niemals so groß waren wie im zwanzigsten Jahrhundert. Wir dürfen gespannt sein, wohin die gegenwärtigen Auseinandersetzungen führen werden. Wobei mir das Bild des Zueinander- statt Auseinandersetzens besser gefällt ...

Gegenwärtig lässt sich bei den Menschen ein gesteigertes Bedürfnis nach Natur feststellen. Das mag nur auf den ersten Blick keinen religiösen Hintergrund haben, sondern ganz einfach dem Wunsch entspringen, in einer mehr und mehr technisierten und computerisierten Welt das Ursprüngliche, die »Wiederverzauberung der Welt«, erneut zu finden. Was aber ist der Ursprung? Das, was Franz von Assisi als den »*Allerhöchsten*« bezeichnet, als Gott.

7:30 Die Minute Ihres Lebens

Natürlich können wir nicht als Bettelmönche umherziehen, denn wer würde uns etwas geben, wenn sich jeder so verhielte? Aber als Bild taugt diese Vorstellung dennoch. Dann nämlich, wenn wir uns vorstellen, dass wir unser Leben lang nach etwas suchen, das wir uns von anderen erhoffen.

Generell ist Bescheidenheit dem Hochmut vorzuziehen, denn selten hat dieser die Herzen der Menschen bewegen können. Immer war es gut und sinnvoll, den Schwachen die Hand zu reichen und ihnen das zu geben, dessen sie bedürfen: ihre Würde. Das großtuerische Verhalten des Individuums wird es niemals dorthin bringen, wo es Erfüllung findet, denn es wird im Materiellen stecken bleiben und die geistigen Bereiche nicht betreten können. Nur im Miteinander kann es uns gelingen, Krieg und Terror aus unserem Leben zu verbannen. Wie oft machen sich Menschen ohne Not zu Tätern und somit zu Opfern ihrer selbst? Zu diesem Thema schrieb ich vor einigen Jahren ein Gedicht. Es trägt den Titel *Klage*.

Ich beklage die, welche nicht mutig genug sind, die Wahrheit zu bekennen und für sie einzustehen.

Ich beklage die, welche nicht willens sind, Gerechtigkeit walten zu lassen, und danach trachten, sie zu verhindern.

Ich beklage die, welche durch ihr falsches Zeugnis Opfer zu Tätern machen und deren Verdienste bewusst verkennen.

Ich beklage die, welche nur das suchen, was ihnen nützt, und sich mit dem brüsten, was andere erreicht haben.

Ich beklage die, welche die Liebe gegen den Hass tauschen und den Verrat an die Stelle der Barmherzigkeit setzen.

Ich beklage die, welche Andersdenkende, Anderslebende, Andersglaubende aus der Gemeinschaft der Menschen verbannen und ihr Licht auszulöschen gewillt sind.

Ich beklage die, welche Macht über andere ausüben und sich jeder Freiheit berauben.

Ich beklage die, welche der Zerstörung das Wort reden und Verderben über die Welt bringen.

Ich beklage die, welche die Vernichtung an die Stelle der Geburt setzen und andere für ihr tödliches Werk einspannen.

Ich beklage die, welche im Frieden den Krieg predigen und im Krieg den Frieden herbeiheucheln.

Ich beklage die, welche das Göttliche aus der Welt vertrieben haben und sich selbst als göttlich preisen.

Ich beklage die, welche sich »Menschen« nennen und von denen ich selbst einer bin.

Möge uns allen dereinst Vergebung sein.

Wenn wir hier über menschliche Demut, Bescheidenheit und Hybris nachdenken, so müssen wir danach fragen, woher die letztgenannte, weniger angenehme Eigenschaft

7:30 Die Minute Ihres Lebens

eigentlich stammt. In der biblischen Schöpfungsgeschichte wird erwähnt, dass sich der Mensch die Erde untertan machen soll. Das erfordert von ihm eine herrschende Haltung, mit der er in den vergangenen Jahrtausenden viele andere Kreaturen auf seinem Heimatplaneten ausgerottet hat. Der Hochmut wäre dem Menschen also nach dieser Auffassung von Gott gegeben worden, um sich von allem anderen Leben zu unterscheiden und über dieses zu herrschen. Warum er das aber tun soll, wird nicht gesagt.

Als Darwins Evolutionstheorie schließlich mit dem Glauben an einen Gott aufräumte, der den Menschen nach seinem Ebenbild erschaffen hatte, war es schon zu spät. Bis heute fühlt sich der Mensch nicht nur anderen Wesensformen überlegen, sondern auch und vor allem anderen seiner eigenen Spezies, je nachdem, ob ihm dies gerade in das politische Kalkül passt. Wenn er sich nicht selbst ausrottet, wird dieser Zustand vermutlich noch lange andauern, denn zu groß sind die Wünsche, welche die verschiedenen Interessengruppen stets gegen andere durchsetzen wollen. Und so gewinnt meist nicht der, der über die besseren Argumente verfügt, sondern derjenige, welcher die stärkeren Waffen hat. Solchen hat – einer umstrittenen Theorie zufolge – das Römische Reich seine Jahrhunderte andauernde Weltherrschaft zu verdanken. Die Schwerter seiner Soldaten sollen aus einem Eisen geschmiedet worden sein, welches die Kelten im bayerischen Chiemgau an die Römer verkauften. Dieses wiederum stammte von einem Meteoriteneinschlag aus der Urzeit unseres Planeten. Das darin enthaltene Metall war so dicht, dass die Waffen der Gegner die römischen Schwerter nicht besiegen konnten. So gesehen, hätte das Weltreich der Römer seine Existenz einer kosmischen Katastrophe zu verdanken.

Hält sich der Mensch für unbesiegbar, entwickelt er Hybris. Bescheidenheit und Demut überlässt er den vermeintlich Schwachen. Leider lernt er nicht aus der Geschichte. Denn sonst müsste er schon längst erkannt haben, dass keine Herrschaft ewig dauert, dass kein Reich für immer ist, dass die Sieger von heute die Verlierer von morgen sein können. »*Wer spricht vom Siegen? Überstehen ist alles.*« Dies schrieb der Dichter Rainer Maria Rilke sechs Jahre vor Ausbruch des Ersten Weltkriegs in seinem Requiem für Wolf Graf von Kalckreuth. Kinder, sofern sie noch nicht von Erwachsenen und ihrer Welt allzu sehr beeinflusst sind, kennen weder Hybris noch Bescheidenheit noch Demut. Sie sind liebevoll, breiten ihre Ärmchen aus und gehen strahlend auf das, was sie erwartet, zu. Erst später werden sie durch Erfahrung so wie die meisten von uns: skeptisch, weil wir immer etwas gegen uns Gerichtetes vermuten, oder hochmütig, wenn uns etwas Besonderes gelungen ist.

»*Was hülfe es dem Menschen, wenn er die ganze Welt gewönne und doch nähme Schaden an seiner Seele?*« Diese wunderbare Frage findet sich in der Bibel (Matthäus 16,26). Die Antwort ist eindeutig: Es hilft ihm nichts. Daher kann seine Aufgabe nur heißen, sich ständig in Bescheidenheit zu üben. Denn nur sie vermag die Würde und die Gleichheit aller Menschen zu spiegeln und uns immer wieder darauf hinzuweisen, dass wir aufgrund der Vergänglichkeit alles Irdischen unser Glück lieber da suchen sollten, wo alles unvergänglich ist. Dort, in den Regionen des Geistes, ist auch das zu Hause, was ich in diesem Buch die *Fülle* nenne. Ein Meditierender sucht für gewöhnlich die Leere, die Abwesenheit der Gedanken. Ich meine, Leere und Fülle sind hier identisch, und es ist gerade die Kraft des Lebens und seiner Chancen, die sich hier auftun, und zwar nicht nur beim

7:30 Die Minute Ihres Lebens

Meditieren. Nun wird auch einsichtig, was das, was wir alle suchen, nämlich die *Er-füllung*, eigentlich bedeutet. Der Weg zu ihr heißt Bescheidenheit.

Das *social freezing*, das Einfrieren von unbefruchteten Eizellen, zu dem manche Firma ihre weiblichen Mitarbeiter mit Geld zu überreden versucht (Befruchtung und Mutterschaft können dann nach der Karriere stattfinden), ist ein äußerst bedenkliches Phänomen. Hier wird das Menschlichste überhaupt, das es gibt, die Fortpflanzung, einem kapitalistischen Zweck geopfert, der alles Humane durch ominöse Unternehmensziele in den Hintergrund rückt.

Firmen und Unternehmen sind von Menschen gegründet worden. Eine fortschrittlich-humane Unternehmenskultur sollte deshalb darauf achten, ihr größtes Kapital, nämlich seine Mitarbeiter, so zu behandeln, als wären sie nicht Angestellte, sondern Mitverantwortliche. Hybris und übertriebene Demut würden schnell einer vernünftigen Bescheidenheit weichen, durch die klar wird, dass jeder von uns zum Erfolg oder Misserfolg einer Sache beiträgt. Das kann aber nur gelingen, wenn wir verstehen, dass jeder einzelne Mensch und jedes einzelne Geschöpf genauso einmalig ist wie wir. Allein die Tatsache, dass wir alle das Leben an sich in uns tragen, macht uns zu einer unauflöslichen Schicksalsgemeinschaft. Schon deshalb sollten wir einander achten und nicht ächten.

Eine meiner »wilden 80jährigen«, die ich im gleichnamigen Buch porträtierte, war Margarete Schott-Goller (1908–1994), Antiquitätenhändlerin, Lyrikerin und Schwabinger Original. Schon in meiner Jugend besuchte ich sie oft in ihrem winzigen Laden in der Münchener Marktstraße, und wir sprachen oftmals stundenlang über Mystik, Religion und Philosophie. Sie hatte zwei Bücher mit ihren Versen veröffentlicht und las mir immer wieder daraus vor. Angelus Silesius, der schlesische Mystiker, war ihr Vorbild ebenso wie der Dichter Hölderlin. Und eines Tages schenkte sie mir ihr unveröffentlichtes Gebet *Mein Vaterunser*, das ich hier wiedergebe, da es in seiner Aussage vom eingangs zitierten *Sonnengesang* des Franz von Assisi nicht weit entfernt ist.

Vater unser,
der Du in der Mitte bist und in aller Schöpfung
und in uns

heilig bist Du, Namenloser!

Dein Wille lenkt das Weltall,
lenke Du auch unseren Willen
und verlasse uns nicht.

Gib uns Kraft und Gesundheit zu unserem
täglichen Leben.

Und gib, dass wir Dich erkennen und der Wahrheit
dienen,
auf dass wir nicht schuldig werden
an Dir und an Deiner schönen Erde.

Doch hältst Du die Zeit für gekommen,
dann schaffe einen neuen Menschen
auf einer neu entstandenen Erde!

Denn Dein sind die Gestirne,
Dein sind alle Wesen
von Ewigkeit zu Ewigkeit.

7:30 Die Minute Ihres Lebens

Die Demut vor der Schöpfung ist allen tief denkenden Menschen zu eigen. Wir sollten deshalb nicht aufhören, in aller Bescheidenheit über das Leben nachzudenken, ohne dabei zu vergessen, es gerade wegen seiner Einmaligkeit zu feiern. Dadurch gelangen wir zu einem Tiefengrund, der uns mehr geben kann als jede Äußerlichkeit: Wir sind dann mit dem Dasein selbst verbunden und erkennen als Seiende das, was uns ausmacht: das Sein, das manche *Gott* nennen. Solange aber die biblische Aufforderung »*Macht euch die Erde untertan*« (1. Moses, 1) so verstanden wird, dass der Mensch als Herr der Welt keine Macht anerkennt, die über ihm steht, wird seine Hybris weiter dafür sorgen, dass wir uns immer wieder am Rande des Abgrunds befinden. Interpretiert man die alttestamentarische Aussage aber so, dass der Mensch alle anderen Wesen als Untertanen sehen möge, für die er zu sorgen hat wie ein Staat für seine Bürger, dann müssen wir uns um die Würdigung des Daseins nicht den Kopf zerbrechen, denn gerade dann wird eine höhere Macht nicht nur vorausgesetzt, sondern auch anerkannt.

INSPIRATION 5

Wir neigen zur Hybris, weil wir der Ansicht sind, alles sei im Übermaße vorhanden und würde uns für immer zur Verfügung stehen. Das bezieht sich zum einen auf Äußeres wie Rohstoffe, Technologien, Nahrungsmittel, Energie etc., kurzum auf alle Ressourcen, von denen der Mensch glaubt, sie beliebig in Anspruch nehmen zu dürfen. Zum anderen ist damit auch alles Innere gemeint, wie Wissen, Jugendlichkeit, Schönheit, Kraft und Weiteres. Dem Äußeren wie dem Inneren ist gemeinsam, dass beides vergänglich und eben nicht im Überfluss vorhanden ist, sondern gerade wegen seiner Begrenztheit als enorm wertvoll gelten sollte.

Es gibt sicherlich auch in Ihrem Leben Menschen, die Ihnen das, was Sie sind oder haben, nicht gönnen. Auf der anderen Seite haben aber auch Sie selbst gewiss gelegentlich Anflüge von Stolz oder Hochmut, der anderen nicht guttut. Sie und die anderen sind jedoch nicht voneinander getrennte Einzelwesen, sondern bilden eine Einheit – die Gemeinschaft der Menschen. Und nur gemeinschaftlich kann es gelingen, die wichtigen Herausforderungen, die uns alle betreffen, zu bewältigen. Überwinden Sie deshalb Ihren Stolz oder Ihren Dünkel, und sehen Sie anderen deren Hochmut und Missgunst nach. Damit haben Sie schon den ersten Schritt zum verständnisvollen, gemeinsamen Handeln unternommen, von dem jeder nur Vorteile hat.

Gehen Sie am nächsten Morgen für 60 Sekunden in sich, und konzentrieren Sie sich ganz auf *Die Minute meines Lebens*, die nun folgt:

DIE MINUTE MEINES LEBENS

Gerade weil alles begrenzt ist,
das Äußere wie das Innere,
will ich mich bemühen,
es nicht zu vergeuden,
und ihm
gemeinsam mit anderen
besondere Achtung
zuteilwerden
zu lassen.

7:30 Die Minute Ihres Lebens

ÜBUNG

- Versuchen Sie einen Tag lang alles, was Sie unternehmen, so zu gestalten, als wäre es das erste Mal. Fühlen Sie in Ihre Handlungen hinein, und spüren Sie, wie wertvoll diese sind. Schreiben Sie auf, was Sie dabei empfinden.

- Am nächsten Tag versuchen Sie alles, was Sie unternehmen, so zu gestalten, als wäre es das letzte Mal. Fühlen Sie sich in Ihre Handlungen hinein, und spüren Sie, dass diese noch wertvoller sind als diejenigen, die Sie im Bewusstsein des ersten Mals ausgeführt haben. Schreiben Sie auch hier Ihre Empfindungen auf, und vergleichen Sie diese mit denen vom Vortag.

- Diese Übung wird Sie automatisch zu einer bescheideneren Lebenshaltung führen, in der Sie alles, was Sie erleben, und jeden, dem Sie begegnen, besonders schätzen werden, weil Sie erkannt haben, dass es eine unwiderrufliche und unumkehrbare Endlichkeit von allem gibt.

6

Die Zeit, die uns zum Leben bleibt!

Life is grand

In der ehemaligen deutschen Hauptstadt Bonn eröffnete vor einigen Jahren ein Hotel, das nicht nur im Innenbereich mit besonderem Mut zur Farbgebung überrascht, sondern auch von außen dem Gast schon bei dessen Ankunft ein spezielles Erlebnis bereitet. Denn anstelle des Hotelnamens *Kameha* wird dieser durch einen Satz, der in goldenen Lettern auf dem Vorsprung des Dachs der Eingangshalle prangt, begrüßt. *LIFE IS GRAND* steht dort zu lesen. Als ich diese Botschaft zum ersten Mal sah, war ich begeistert. Was für eine grandiose Idee! Ein Hotel mit diesem Satz im Bewusstsein zu betreten führt ohne Umschweife zu einer Veränderung im Denken, denn irgendwie muss man – egal, was man gerade erlebt hat oder erleben wird – dem Inhalt dieser message zustimmen. Und genau diese löst etwas in uns aus. Eigentlich wussten wir es schon immer, doch wir haben es durch das Negative, das wir erleben, verdrängt. Ja, das Leben ist großartig!

Warum denken wir nicht ständig daran, sondern machen uns das Dasein selbst immer so schwer? Warum ist unser Egoismus meist stärker als unsere Fähigkeit (über die wir zweifelsohne auch verfügen), anderen selbstlos zu nützen oder zu helfen?

7:30 Die Minute Ihres Lebens

Wenn ich hier so oft von der *Zeit, die uns zum Leben bleibt*, spreche, dann meine ich genau dies: zu erkennen, dass die Anzahl unserer Tage begrenzt ist und wir uns gerade deshalb nicht mit dem Negativen, sondern dem Positiven verbünden sollen. Diese verrinnende Zeit beginnt im Grunde genommen schon mit unserer Geburt, aber sie wird uns erst dann bewusst, wenn wir zum ersten Mal mit dem Tod konfrontiert sind, sei es, dass ein Familienmitglied gestorben ist oder wir selbst schwer krank sind und die Endlichkeit des Daseins spüren. In diesen Momenten bekommen wir eine Ahnung von unseren ungelebten Möglichkeiten und brachliegenden Potenzialen, die wir mit allem möglichen unnützem Firlefanz zugestellt haben. Dabei haben wir völlig vergessen, dass unter diesem Schutt ein unglaublich wertvoller Schatz darauf wartet, geborgen zu werden. Das heißt nun nicht, dass wir aufgrund der Vergänglichkeit alles Irdischen keinerlei Sittlichkeit (hier als philosophisches Konzept vom sittlich Guten verstanden) mehr an den Tag legen müssten und es »endlich so richtig krachen lassen könnten«. Im Gegenteil: Gerade wegen seiner Flüchtigkeit erkennen wir den Wert des uns Umgebenden. Es ist ähnlich wie bei einer Trennung: Kaum ist der geliebte Mensch fort, erscheint er uns unendlich wertvoll, und wir wollen ihn zurückhaben. Wieso haben wir seinen Wert nicht schon vorher erkannt?

Es gibt einen schönen Film, dessen Titel ich leider vergessen habe. Da spielt sich eine Szene ab, die mich offenbar so beeindruckt hat, dass ich sie mir gemerkt habe. Eine etwa fünfunddreißigjährige Frau wird durch einen Mittelsmann zu ihrem Vater gebracht, den sie mindestens zwanzig Jahre nicht gesehen hat. Als die beiden sich gegenüberstehen, entwickelt sich folgender Dialog.

Tochter: Was hast du die ganze Zeit über gemacht?
Vater: Ich habe gewartet.
Tochter: Worauf denn?
Vater: Auf jetzt.

Dann umarmen sie sich weinend und lassen einander nicht mehr los. Was zeigt uns dies? Einmal natürlich, dass Menschen ein enormes Zusammengehörigkeitsgefühl haben, das auch die Zeit nicht besiegen kann. Das wird jeder verstehen, der einen Menschen verloren hat, sei es unausweichlich für immer durch den Tod oder durch eine Trennung, die nicht unabwendbar für immer sein muss. Das andere aber, und das ist für unser Thema noch wichtiger, ist die Tatsache, dass der Vater offenbar seine Zeit nicht genutzt hat, sonst hätte er seine Tochter schon viel früher gesucht oder sich nicht vor ihr verborgen. Wie oft merken wir, dass wir einem Menschen zwar zutiefst zugetan sind oder ihn lieben, ihn aber dennoch nicht *zulassen* können oder wollen, weil irgendetwas uns daran hindert. Erst dann, wenn es meist schon zu spät ist, erkennen wir, dass wir hier unser Glück hätten finden können oder zumindest etwas Positives hätten erleben dürfen. »*Es ist schade um die Menschen*«, sagt Gott Indra in August Strindbergs Drama *Ein Traumspiel.*

Die Zeit, die uns zum Leben bleibt, müssen wir im Hier und Jetzt verbringen und vollenden. Es hat keinen Sinn, der Vergangenheit hinterherzuweinen oder die Zukunft zu fürchten. Alte Hass- oder Rachegefühle führen uns ebenso wenig weiter wie die Angst vor dem, was kommen mag. Eine Binsenweisheit, die in zwei Formen existiert, die jedoch dasselbe meinen, gibt diesem Gedanken Recht: »*Es kommt ohnedies anders, als man denkt*« und »*Irgendetwas kommt immer dazwischen*«. Was hindert uns also daran, im Hier

7:30 Die Minute Ihres Lebens

und Jetzt unser Dasein zu genießen, ohne uns ständig mit Tausenden von Sorgen herumquälen zu müssen?

Es ist unser eigenes Unvermögen, die Sorgen zu vermeiden. Ja, wenn das so einfach wäre, mag nun mancher sagen. Ich behaupte, es gibt nichts Einfacheres als das. Wie es geht, das hat mir mein koreanischer Taekwondo-Meister beigebracht. Es heißt: *Yu Bi Mu Hwan*. Diese vier kleinen Silben haben große Wirkung. Sie bedeuten *Gute Vorbereitung – keine Sorgen*.

Denken Sie einmal nach: Was hat Ihnen in den letzten Jahren wirklich Probleme bereitet, egal auf welchem Gebiet? Wenn Sie ganz ehrlich sind, dann müssen Sie sich eingestehen, dass Sie in keinem der Fälle gut vorbereitet waren. Das Ereignis hat Sie vermutlich *kalt erwischt*, weil Sie nicht in der Lage waren, tief genug nachzudenken und die Situation schon zu erkennen, bevor sie eingetreten ist. In der Fahrschule hat Ihr Fahrlehrer versucht, Ihnen genau dies beizubringen, wenn er vom *vorausschauenden Fahren* sprach. Ich spreche deshalb generell vom *vorausschauenden Leben*, das übrigens keinen Widerspruch zum Dasein im Hier und Jetzt bedeutet, wie wir später noch sehen werden.

Wir leben zwar, aber wir machen uns selten Gedanken darüber, wie wir leben *könnten*. Der Benediktinermönch Anselm Grün von der Abtei Münsterschwarzbach spricht in diesem Zusammenhang von Haltungen, *»die die Welt verwandeln«*. Er sagt: *»Verwandeln ist wesentlich sanfter als Verändern. Verwandeln heißt: Alles darf sein. Ich würdige mich so, wie ich bin. Aber ich bin noch nicht am Ziel.«* (Aus der Einladung zu einem Vortrag an der Katholischen Akademie, München).

Welch schöner Gedanke! Wenn ich diesen nun mit der *Zeit, die uns zum Leben bleibt* und mit *Life is grand* verbinde, dann verstehe ich, dass ich meine Möglichkeiten durchaus in Wirklichkeiten umformen darf, ja geradezu dazu aufgerufen bin, das Leben zu wagen, mehr aus mir zu machen, als ich zu sein meine. Und wenn mich die Bedenkenträger wieder einmal daran hindern wollen, dann verweise ich darauf, dass die Welt Hoffnungsträger und nicht Leute wie sie braucht, um sich positiv weiterzuentwickeln. Denn ich darf nicht den Fehler wie der Vater aus dem Film machen, zu lange auf das *Jetzt* zu warten, da dieses entweder schon vorbei oder noch nicht eingetreten ist. *The power of now* aber entfaltet sich in jeder Sekunde, und ich kann mich dieser kraftvollen Energie anschließen, indem ich das mir innewohnende Leben spüre. Es geht ganz einfach. Wie, das steht im folgenden Leitgedanken.

INSPIRATION 6

Dass wir leben oder, anders formuliert, was das uns innewohnende Leben wirklich ist, spüren wir meist nicht, es sei denn, wir geben uns der Meditation oder anderen bewusstseinserweiternden Techniken hin. Im Normalfall aber existieren und agieren wir, tun dies und das – ohne darüber zu reflektieren, welcher Motor uns eigentlich antreibt. Hiermit ist weder der körperliche Motor, also unser Herz, gemeint, noch der psychische, also irgendein Bedürfnis, dessentwegen wir etwas tun oder bleiben lassen. Das Kraftwerk, das hier gemeint ist, ist spiritueller Natur. Ich verbinde mit diesem Bild jene Kraft, durch die wir sind, genauso wie alles andere, das existiert, ist. Hier beginnt eine Dimension, die uns, beschäftigt wie wir sind, nur selten ergreift, und die durchaus als religiös bezeichnet werden kann. Denn Re-ligio bedeutet Rückbindung, und genau darum geht es bei der Frage, woher das Leben an sich kommt.

7:30 Die Minute Ihres Lebens

Klarheit des Geistes ist eine Grundvoraussetzung, wenn Sie in der Fülle des Lebens mit anderen zusammenwirken möchten, um Ihr Umfeld oder auch das anderer zu verbessern. Entschlossenheit ist eine weitere Voraussetzung. Sobald Sie sich ent-schlossen haben, sich also für Ihre Aufgabe wirklich geöffnet haben, sind Sie nicht mehr nur bei sich, sondern eben auch bei den anderen, mit denen Sie gemeinsam an einer positiven Weiterentwicklung der Welt bauen.

Gehen Sie am nächsten Morgen für 60 Sekunden in sich, und konzentrieren Sie sich ganz auf *Die Minute meines Lebens*, die nun folgt:

> **DIE MINUTE MEINES LEBENS**
>
> Das Leben ist großartig!
> Ich bin froh,
> dass es mich gibt.

ÜBUNG

- Ich setze mich in einen stillen Raum und entspanne mich. Nun konzentriere ich mich ganz auf meinen Atem. Ich atme ein und atme aus. Ich nehme wahr, dass ich atme. Es wird mir bewusst. Ich atme ein und atme aus. Mir wird klar, dass der Atem meine körperliche Kraftquelle ist. Ich erkenne, was meine Lunge zum Atmen bringt. Ohne sie wäre ich nicht lebensfähig. Ich atme ein und atme aus.

Allmählich verschmelzen mein Atem und ich, sodass es zwischen uns keine Grenze mehr gibt. Ich atme ein und atme aus. Ich bin nun mein Atem, und mein Atem ist ich. Wir atmen ein und atmen aus. Wir atmen im selben Takt, dem Gleich-Klang des Lebens.

* Dasselbe findet nun mit meinem Herzen statt. Ich konzentriere mich ganz auf sein Klopfen, auf seinen Rhythmus. Ich vernehme, wie es in mir schlägt. Es wird mir bewusst, dass mein Herz mein Motor ist. Ich erkenne, was mein Herz zum Schlagen bringt. Ohne mein Herz wäre ich nicht lebensfähig. Ich lausche seinem Pochen. Allmählich verschmelzen mein Herz und ich, sodass es zwischen uns keine Grenze mehr gibt. Ich spüre das Gleichmaß seiner Schläge. Ich bin nun mein Herz, und mein Herz ist ich. Wir schwingen im selben Takt, dem Gleich-Klang des Lebens.

7

MITGESCHÖPFLICHKEIT

Die freundschaftliche Verbundenheit
mit allem, das lebt

Dass mir der Hund das Liebste sei,
Sagst Du, o Mensch, sei Sünde.
Doch der Hund bleibt mir im Sturme treu,
Der Mensch nicht mal im Winde.

Diese Franz von Assisi oder auch Schopenhauer zugeschriebenen Zeilen auf dem Grabstein eines Hundefriedhofs lassen ahnen, dass das, was wir unter *Mitgeschöpflichkeit* verstehen, nämlich die Gleichwertigkeit allen Lebens, beim Herrchen oder Frauchen des Tieres oberste Priorität hatte. Natürlich mag ein derart drastischer Vergleich, wie er in diesen Bildern anklingt, übertrieben sein. Allerdings zeigt er in seiner Tiefe, dass nicht nur der Mensch eine Zeit, die ihm zum Leben bleibt, besitzt. Besitzt? Besitzen wir diese Zeit wirklich? Wäre »über die Zeit verfügen« nicht ein besserer Ausdruck? Oder besitzt die Zeit uns, und verfügt sie über uns? Vielleicht ist beides richtig. Was bleibt, ist die Erkenntnis der generellen Flüchtigkeit. Dennoch scheint hier die Freundschaft zwischen Mensch und Tier den Tod zu überdauern. Zwar besagt die Grabsteininschrift, dass die Freundschaft so vergänglich ist wie ein Sommerregen oder alles Irdische selbst. Sie gibt jedoch gleichzeitig Auskunft darüber, wie »wahre« Freundschaft sein sollte – nämlich so, wie die sprichwörtlich gewordenen Redewendungen es ausdrücken:

Mitgeschöpflichkeit – 7

»Durch dick und dünn gehen« oder *»Miteinander Pferde stehlen können«.*

Freundschaft ist definitionsgemäß das Gegenteil von Feindschaft und grenzt sich von der geschlechtlichen Liebe ab. Dennoch ist sie nicht etwas, das genau in der Mitte von Feindschaft und Liebe angesiedelt wäre.

Wenn wir dem Geheimnis der Freundschaft und somit der Mitgeschöpflichkeit auf die Spur kommen wollen, sollten wir uns zunächst mit ihren Ritualen beschäftigen. In Europa hat es sich eingebürgert, das Schließen von Freundschaften mit Alkohol zu besiegeln. Man denke nur an den russischen Verbrüderungsritus oder – etwas moderner – an das Anstoßen zweier Bier- oder Weingläser, von pubertärer Blutsbrüderschaft ganz zu schweigen. Der Pakt, der bei solchen Handlungen eingegangen wird, ähnelt einem Geschäft, von dem sich beide Partner (von lat. *pars* = »der Teil«) Vorteile versprechen. Merkt einer der Partner später, dass sich der erwartete Profit nicht einstellt, der nicht unbedingt materieller Natur sein muss, kann er die Freundschaft lösen wie der Geschäftsmann seine Abmachung. Hier unterscheidet sich die Freundschaft also erheblich von der Mitgeschöpflichkeit, die einen verantwortlichen, ethischen Umgang mit Lebewesen propagiert. Mitgeschöpflichkeit fordert Barmherzigkeit, Humanität und Gerechtigkeit. Diese drei Tugenden sollten wir bei allen Beziehungen, und speziell den freundschaftlichen, pflegen, nicht nur bei denen zu Tieren.

Wenn wir uns an gescheiterte Freundschaften erinnern und uns fragen, weshalb sie in die Brüche gegangen sind, so kommen wir – vorausgesetzt, wir sind ehrlich – zu dem Schluss, dass wir uns vom anderen »mehr« erwartet hatten oder dem anderen nicht das geben konnten, was er sich von

7:30 Die Minute Ihres Lebens

uns erhofft hatte. Um solche Brüche von vornherein auszuschließen, wurde auf den Papua-Neuguinea vorgelagerten Trobriand-Inseln schon vor Urzeiten ein Tauschritual erfunden, das bis heute lebendig geblieben ist. Es dient dazu, die Freundschaft zwischen den Bewohnern der Inseln so zu festigen, dass ein unsichtbarer Ring entsteht, der *alle* miteinander verbindet. Das nach strengen Regeln praktizierte *Kula-Ritual* besteht darin, dass *bagi* (Halsketten aus rotem Muschelgeld) und *mwala* (Armbänder aus Kegelmuscheln) ringförmig ausgetauscht werden. Der mit einem Kanu betriebene »Handel« beginnt mit dem Tausch von Halsketten und führt von Osten über Süden, Westen und Norden wieder zum Ausgangspunkt zurück, wohingegen der Tausch der Armbänder den umgekehrten Weg nimmt. So gelangen alle Gegenstände eines Tages wieder in die Hände ihrer ursprünglichen Besitzer. Da die getauschten Güter heute keinen wirklichen materiellen Wert besitzen, kann man davon ausgehen, dass es sich beim *Kula-Ring* um ein echtes Freundschaftsritual handelt, vermutlich das letzte seiner Art, das auf der Erde zu finden ist. Der Sinn des Rituals, das die Insulaner schufen und bis heute praktizieren, lässt sich folgendermaßen beschreiben: Wenn sich jeder bemüht, mehr zu geben, als der andere hat, hat am Ende trotzdem jeder genug – was zur Vertiefung und Unauflösbarkeit der Freundschaft führt.

Mitgeschöpflichkeit als ethisches Verhalten gegenüber Tieren hat durchaus ebenfalls eine materielle Komponente. Wir geben den Haustieren Nahrung und ein Dach über dem Kopf, während sie sich mit ihrer Zuneigung bedanken. Bei Nutztieren verhält es sich ähnlich. Auch hier findet ein Tausch von Sicherheit gegen Milch, Fleisch oder Fell statt. Gerade deshalb ist die Verantwortung der Menschen, denen die Tiere anvertraut sind, besonders hoch. Sie dürfen nicht aus Gewinnsucht den Mitgeschöpfen mehr wegnehmen, als sie ihnen zu geben in der Lage sind.

Ich verstehe unter *Mitgeschöpflichkeit* generell das achtsame Miteinander aller lebenden Wesen, das schon deshalb gepflegt werden muss, da alles miteinander verbunden und aufeinander bezogen ist. Daraus entwickeln sich konkrete Handlungsweisen, von denen ich hier eine aufzeigen möchte. Wann immer sich ein Insekt in meine Wohnung verirrt hat, schlage ich es nicht tot, sondern lasse es aus dem Fenster fliegen. Dazu wende ich folgenden Trick an: Da sich ein Insekt stets am Licht orientiert, wird man es früher oder später an einem der Fenster finden. Nun hole ich die Plastikbox einer alten Musikkassette (es lohnt sich also, diese altmodischen Tonträger aufzuheben), stülpe sie über das Tier und schließe die Hülle. Das gefangene Tier kann ich nun problemlos durch das geöffnete Fenster oder auf dem Balkon wieder in die Freiheit entlassen, indem ich die Box einfach öffne. Ein noch eleganteres Vorgehen findet man in dem Film *Karate Kid 2*: Dort wird ein Meister von einer Fliege gestört, die er mit seinen Essstäbchen fängt. Als es plötzlich an der Türe läutet, öffnet er diese und entlässt in diesem Moment das zwischen den Stäbchen gefangene Insekt nach draußen. Dies ist ein schönes Beispiel für das respektvolle Miteinander von Mensch und Tier.

Die Zeit, die zum Leben bleibt, ist also nicht nur Menschen gegeben, sondern jedem Geschöpf, weshalb der Begriff *Mitgeschöpflichkeit* allein schon dadurch eine ganz andere Dimension erfährt als diejenige des »*Du sollst nicht töten*«. Tiere töten, um ihren Hunger zu stillen. Sind sie satt, töten sie nicht weiter. Ein satter Tiger wird schläfrig. Selbst wenn die köstlichste Beute in seiner Nähe vorbeizieht, wird er sie nicht jagen.

7:30 Die Minute Ihres Lebens

Menschen hingegen können überleben, ohne (auch indirekt) zu töten, was mittlerweile viele tun, indem sie sich vegetarisch oder vegan ernähren. Und sie könnten, wenn sie satt sind, ebenfalls auf weitere Beute verzichten, was sie wiederum nicht tun, denn die Gier ist nur ihnen gegeben.

Unser Begriff von Mitgeschöpflichkeit als Freundschaft, die oft von Dominanz oder Unterwerfung geprägt ist, ist niemals völlig zweckfrei. Entweder brauchen wir einen Freund zum Beispiel als Tennispartner oder seelischen Abfalleimer, oder wir sonnen uns in seiner Glorie und sind stolz darauf, im Schlepptau eines solchen Heroen mitziehen zu dürfen, um unser eigenes Minderwertigkeitsgefühl zu kaschieren. Wir instrumentalisieren oder *verzwecken* diejenigen gern, die wir Freunde nennen, da wir gelernt haben, dass man gibt, um etwas zurückzubekommen. Schöner wäre es freilich, wenn wir geben könnten, weil wir geben wollen. Auf der anderen Seite gilt, dass man nichts bekommt, wenn man nichts gibt. Das ist eine simple Tatsache, die auf dem Gesetz von Ursache und Wirkung basiert. Und das absichtslose, zweckfreie Geben kann durchaus ebenfalls problematisch sein, wie der Philosoph Friedrich Nietzsche weiß, wenn er sagt: »*Wer immer nur gibt, dessen Hände bekommen Schwielen vom vielen Austeilen.*«

Die Lösung könnte hierin liegen: *Mehr geben, als man erhält.* Wenn zwei Menschen sich gleichzeitig so verhalten, dann können Freundschaft, Mitgeschöpflichkeit und Liebe gedeihen. Der Wissenschaftsjournalist Dieter E. Zimmer schrieb in seinem Buch *Die Vernunft der Gefühle* über den Ursprung, die Natur und den Sinn der menschlichen Emotionen. Zum Thema Freundschaft merkt er dort an: »*In seiner Stammesgeschichte musste der Mensch nicht nur lernen, in Gruppen zu leben; er musste auch lernen, dass er allein oft gefährdet oder gar verloren ist. So wurden ihm Bindungen an einzelne andere einprogrammiert, die sich ihm als Gefühle der Liebe und Zuwendung bemerkbar machen ... Den Zusammenhalt zwischen einzelnen, die sich zu vertrauen gelernt haben, sichern die Gefühle der Freundschaft.*«

Zusätzlich hat die Forschung herausgefunden, dass dieser Zusammenhalt auch durch das Hormon Oxytocin hervorgerufen wird, das sich dann bildet, wenn Bindung entsteht. Beziehungen jeder Art, aber vor allem die zwischen Mutter und Kind und diejenige, die sich zwischen Paaren bei der sexuellen Vereinigung bildet, stellen sogenannte *Glückstank*stellen dar, die durch den Botenstoff aktiviert werden. Dieser, gepaart mit Vertrauen, bildet also die Grundlage für jene Freundschaft, die als *Mitgeschöpflichkeit* verstanden das Leben dorthin führt, wo es seine Erfüllung finden kann. Denn, wie der Zivilisationsforscher Norbert Elias in seinem Werk *Über den Prozess der Zivilisation* schreibt: »*Der Mensch ist nicht allein auf dieser Welt. Er ist Mensch nur deshalb, weil er mit andern Menschen umgeht und weil er Geschichte hat.*« Damit also seine Historie in Zukunft besser verläuft als bisher, wollen wir für eine verstärkte Anerkennung der Freundschaft, für eine globale *Mitgeschöpflichkeit* plädieren, und zwar eine, die absichtslos geschlossen wird – und daher nicht zur bloßen Zweckgemeinschaft verkommt.

Mitgeschöpflichkeit meint eine körperlich-geistige Seelenverbindung, die sich in Freundschaft oder auch in Liebe manifestieren kann. Sie erwartet gegenseitige Achtung und Respekt in dem Wissen, dass sie so lange währt, wie die Zeit es den jeweiligen Geschöpfen zugesteht. Gerade deshalb ist die *Mitgeschöpflichkeit* in Bezug auf unser Dasein als Basis der menschlichen Gemeinschaft anzusehen, weil kein Lebewesen für sich allein existiert, sondern alle aufeinander bezogen sind. Und nicht nur alle, sondern auch *alles*. Damit wird deutlich, dass der Mensch und alles, was auf Erden existiert, nur Teil eines größeren Ganzen ist – dem Universum. Ohne diesen ganzheitlichen, kosmologischen Bezug wäre die Entstehung des Lebens ein noch größerer Zufall, als sie es ohnedies schon ist. Um dieser Gegebenheit mehr Sinn zu verleihen und das Miteinander der Geschöpfe so zu organisieren, dass es Sinn impliziert und nicht an der Tatsache des Todes zerbricht, hat der Mensch die Religion ersonnen, durch die er mehr wird, als er eigentlich ist.

Als ich vor Jahren den Großteil meiner Zeit im Süden Roms verbrachte, trug ich einmal meinen Müll zu einer der öffentlichen Tonnen, da es in dieser landwirtschaftlich geprägten Gegend keine anderen Entsorgungsmöglichkeiten gab. Gerade als ich den Müllsack mit großem Schwung in die geöffnete Tonne werfen wollte, schoss mir aus ihrem Inneren ein Wesen entgegen, das einem Horrorfilm entsprungen zu sein schien und aussah wie eine Blechdose mit vier Beinen. Trotz des Schreckens, der mir in die Glieder fuhr, packte ich die Blechdose und zog sie an mich. Mit einem Mal erschien darunter ein Katzenkopf. Die Augen blickten mich kurz verwundert, dankbar und furchtsam zugleich an, dann verschwand das Tier im Dickicht hinter der Tonne.

Ich kombinierte: Offenbar war eine der ausgesetzten Katzen, von denen es in dieser Gegend leider sehr viele gab, vor lauter Hunger in die Tonne gekrochen. Dort fand sie eine leere Dose, die immer noch nach Essen roch. Um an eventuelle Reste zu gelangen, steckte die Katze ihr Köpfchen dann so weit es ging hinein. Leider blieb sie darin stecken und kam aus ihrem Gefängnis nicht mehr heraus. Als sie spürte oder hörte, dass sich jemand an der Tonne zu schaffen machte, sprang sie hinaus, um instinktiv Rettung zu suchen, was auch funktionierte. Ich selbst empfand in diesem Moment eine tiefe Befriedigung, weil es mir gelungen war, ein Leben zu retten. Im selben Augenblick kam es mir aber auch vor, als seien die Katze und ich zwei gänzlich aufeinander bezogene Wesen, die eines miteinander teilten: das Leben. Wir waren *Mitgeschöpfe*.

Es soll buddhistische Mönche geben, die sich auf Stelzen fortbewegen, um so wenig Kleinstlebewesen am Boden wie möglich zu töten. Sie folgen dabei der Vorstellung von der ewigen Freundschaft zwischen Mensch und Tier, die sich in vielen Traditionen der Weltkulturen findet. Da alles aufeinander bezogen ist – eine Vorstellung, die der Philosoph Teilhard de Chardin *Paninterliaison* (»horizontale Allverbundenheit«) nennt –, wirkt sich alles, was ich an Positivem wie Negativem schaffe, spiegelbildlich auf mich aus. Aus diesem Grund versuche ich, das Negative auszuklammern oder in Positives umzuwandeln. Auf die Mitgeschöpflichkeit bezogen, innerhalb derer der Fernste zum Nächsten wird, heißt dies, die Basis für ein gemeinsames Miteinander in der Freundschaft (zwischen Menschen genauso wie zwischen Mensch und Tier) zu finden, die dann eben mehr ist als die Verwirklichung gemeinsamer Interessen oder Ziele. Dabei gilt es, das Ego und damit die alten Machtstrukturen zu überwinden, wie es auch die reife Liebe fordert. Denn der egogetriebene Mensch ist ja letztlich der, von dem die Welt in den Untergang gesteuert wird. Er sieht zwar die gefährlichen Hindernisse, die auf seinem Weg liegen, doch an seine Übermacht glaubend ruft er lieber: »Volle Fahrt voraus!«, anstatt einen Umweg in Kauf zu nehmen.

Zu wahrer Mitmenschlichkeit und Mitgeschöpflichkeit gelangen wir also nur, wenn wir versuchen, unser Ego zu überwinden, und uns nicht passiv einer größeren Macht

7:30 Die Minute Ihres Lebens

überlassen, sondern aus uns heraus erkennen, dass jede Machtausübung Unterlegene kennt, die sich eines Tages rächen werden. Deshalb ist wahre Macht nicht eine, die sich von oben nach unten vollzieht, indem sie ihr Gegenüber unterdrückt, versklavt und ihm ihren Willen aufzwingt. Es ist vielmehr eine, die das Gegenüber frei macht und sagt: Ich helfe dir, damit du du selber wirst. Es wäre schön, wenn wir gemeinsam daran wirken könnten, diese Welt zur besten aller möglichen zu machen, indem wir unsere Herzen öffnen und zulassen, dass das tägliche Geschehen alle, die uns nahestehen, aber auch alle, die uns nicht nahestehen, in Freundschaft vereint. Denn wir haben erkannt, dass das Leben heilig ist und dass es uns nur für einen kurzen Augenblick geliehen ist, bevor wir die Welt verlassen. Deshalb leben wir jeden Moment unseres Daseins so, als wäre es das erste Mal und das letzte Mal zugleich. Dadurch erfahren wir den Wert der Dinge, der Menschen, des Lebens an sich. Lass uns dies tun, bevor der Tod seinen Schleier über uns wirft und wir nicht mehr in der Lage sein werden, das, was schön ist auf der Welt, zu sehen. Lass uns unser Leben feiern, freuen wir uns an seiner Fülle! Leben wir die Visionen von dem, was wir begreifen, verwirklichen wir unsere Träume, bringen wir Leben in unseren Alltag, schöpfen wir Zuversicht, und erkennen wir, dass das Dasein kein Jammertal ist. Lass uns all dies und noch mehr tun, bevor es zu spät ist. Denn wer wird schon das Tal der verpassten Möglichkeiten durchqueren, wenn er am Gipfel des Lebensglücks aller Wesen angekommen ist?

INSPIRATION 7

Mitgeschöpflichkeit ist die Kunst zu verstehen, dass alle Wesen das gleiche Recht haben, das Leben in seiner Fülle zu erfahren. Das bedeutet, dass ich nicht befugt bin, irgendein Leben durch Tötung zu verkürzen, da ich hierdurch dem Leben einen Teil von ihm wegnehme. Selbst wenn sich Schlimmes ereignet hat, müssen wir lernen zu verzeihen, nicht nur, um dem Geschehen für immer seine negative Energie zu nehmen, sondern um uns selbst nicht mehr übermäßig zu belasten. Diese Vergebung ist, wie es Erzbischof Desmond Tutu ausdrückt, kein Geschenk von mir an den Verursacher, sondern ein Geschenk von mir an mich.

Was immer Sie unternehmen, um mit anderen Wesen in Verbindung zu sein – Sie werden merken, dass es letztlich Klarheit und Natürlichkeit sind, die Sie erfolgreich werden lassen. Sie sind nicht als Einzelwesen geschaffen, sondern brauchen die Resonanz eines oder mehrerer Gegenüber. Was immer Sie geben, wird in vielfacher Weise zu Ihnen als Verursacher zurückkehren. Und Sie werden nicht mehr alleine sein.

Gehen Sie am nächsten Morgen
für 60 Sekunden in sich, und
konzentrieren Sie sich ganz auf
Die Minute meines Lebens,
die nun folgt:

7:30 Die Minute Ihres Lebens

> ## DIE MINUTE MEINES LEBENS
>
> Ich bin mit allem, das ist,
> verbunden
> und will von nun an in meinem Leben
> Mitgeschöpflichkeit walten lassen.
> Ich hoffe,
> dass dadurch gegenseitiges Verständnis entsteht,
> dessen Ziel ein dauerhafter Frieden ist.

ÜBUNG

- Gehen Sie in einen Wald, und nehmen Sie dort die Natur ganz bewusst wahr. Lehnen Sie sich an einen Baum, und versuchen Sie, seine Energie zu spüren. Setzen Sie sich auf die Erde, und fühlen Sie, welche Kraft von unten in Ihnen aufsteigt. Achten Sie auf die Geräusche im Wald. Was hören Sie? Spüren Sie, dass Sie ein Teil Ihrer Umgebung sind? Versuchen Sie danach, diese Empfindung mindestens eine Stunde lang festzuhalten. Wie fühlen Sie sich jetzt? Erkennen Sie die horizontale Allverbundenheit? Ahnen Sie nun, dass Sie ein Geschöpf unter unzähligen anderen sind und wegen der Tatsache, dass Sie leben, nicht von diesen zu unterscheiden sind? Schließen Sie Freundschaft mit allem, das lebt. All dieses und Sie selbst haben nicht nur das gemeinsame Schicksal, dass Sie leben, sondern es eint Sie auch, dass beides wieder vergehen wird. Deshalb ist es sinnvoll, das Dasein in seiner Ganzheit zu lieben und den Tag zu pflücken.

8

Langsamkeit als Lebenselixier

Plädoyer für eine achtsame Entschleunigung

Die Zeit sei mittlerweile schnelllebig geworden, heißt es. Diese Aussage kann gewiss nicht richtig sein, denn sie impliziert, dass die Zeit früher langsamer verging, als dies heute der Fall ist. Es ist demnach nicht die Zeit, die schnelllebig ist, sondern der Mensch, der schneller lebt, indem er immer mehr Handlungen in sein Leben integrieren möchte. Dass dies auf Dauer nicht gut gehen kann, zeigt schon der sprunghafte Anstieg der Burn-out-Fälle sowie die weltweite Ausbreitung des Wellnessgedankens, der nur eine Antwort auf die beschleunigte Lebensweise des Menschen ist, der in den Wohlfühlwelten wieder gesunden möchte. Nicht umsonst finden die Wellnessanwendungen jeweils an einem Ort statt, der als SPA bezeichnet wird, was wiederum eine historisierende Abkürzung des lateinischen *Sanus per Aquam* (»Gesund durch Wasser«) ist.

Im Laufe seiner Geschichte hat sich der Mensch, der zunächst in die natürlichen Rhythmen seiner Umgebung eingebunden war, immer mehr von diesen entfernt. Er schuf dadurch seine eigene Zeit, die mit der natürlichen nicht mehr übereinstimmte. Aus diesem Grund musste er auch die Uhr erfinden, um eine Einteilung seines Handelns zur (und an der) Hand zu haben. Diese gestattet ihm zwar nicht, die Zeit, die ihm zum Leben bleibt, zu überschauen, doch

7:30 Die Minute Ihres Lebens

die Uhr hilft ihm immerhin, einem vorgegebenen Takt zu folgen, bei dem er freilich einmal zu langsam, ein anderes Mal zu schnell ist. Eine Geschichte, die in vielen Variationen existiert, berichtet von einem Ureinwohner, der zu einem Touristen sagt: »Ihr habt die Uhr, aber wir haben die Zeit.«

Auf der Strecke von A(nfang) bis E(nde), die der Mensch hier zurücklegt und die heute durchschnittlich neunzig Kilometerjahre lang ist, bewegt er sich pausenlos vorwärtsgetrieben, jede Umkehr ist verboten, ein Zurück ausgeschlossen. Von ferne sieht der Wanderer am Ende seines Weges ein Schild vor einer Tunnelöffnung, ein rot umrahmtes Dreieck mit schwarzem Ausrufezeichen auf weißem Hintergrund. Der Mensch erschrickt und will rückwärtslaufen – allein jede Anstrengung, wenigstens einen Meter nach hinten auszuweichen, misslingt. Trotz seiner Kräfte und Willensstärke zieht ihn das Schild am Eingang des Tunnels unerbittlich an. Er weiß jetzt, dass er sich in einer Sackgasse befindet, in die keine Seitenstraßen einmünden. Er muss weiter. Gelegentlich kann er sich ausruhen, dann treibt es ihn wieder vorwärts. Mag sein, dass er *ein Licht am Ende des Tunnels* wahrzunehmen meint, doch er muss in dieses Loch hinein, das schwarz ist, schwarz wie der Tod.

Für jeden Menschen läuft die Zeit gnadenlos auf ein Ende hin, das keiner begreift und das vielen nur einen Neuanfang im ewigen Spiel von Werden und Vergehen bedeutet. Zeit ist immer *Altern,* falls man anerkennt, dass beides überhaupt existiert. So betrachtet, laufen biologisches und kalendarisches Alter nicht parallel, sie stimmen nicht miteinander überein. Und dennoch bleibt das Alter *Biomorphose,* wie es der Begründer der deutschen Gerontologie Max Bürger in seinem Werk *Altern und Krankheit* nannte. Er sieht es als *»irreversible Veränderung der lebenden Substanz als Funktion der Zeit«.* Diese Definition trennt das sogenannte *Unbe-*

lebte vom *Alter.* Man kann aber, wenn man *Alter* zulässt, nicht alles offiziell *Nichtlebendige* von ihm isolieren, da dann die Erde, das Sonnensystem, das Universum, also alles, was nicht Mensch ist, von jeher *tote* Materie wäre. Diese aber kann nicht *tot* sein, weil sie – wie auch die Energie – Veränderungen unterworfen ist und Veränderungen bewirkt. Materie kann also im eigentlichen Sinne nicht unbelebt sein, im Gegenteil: Es fliegt nicht nur *alles, was Flügel hat*, es lebt auch alles, was ist – und es lebt nicht nur als Funktion der Zeit, sondern als illusionäre Zeit selbst.

Diese vorangestellten Gedanken waren nötig, um das Thema *Langsamkeit* respektive *Entschleunigung* besser zu verorten. Dass ein schnelles Leben, also eines »auf der Überholspur«, nicht unbedingt zu einer Daseinsverlängerung führt, wissen wir von diversen Prominenten, die ein jähes Ende fanden, da sie zu schnell unterwegs waren. Dies kann sich auf einen Autounfall beziehen, aber auch auf andere Todesarten, die durch Überschätzung der eigenen Fähigkeiten eintraten. Dass die Langsamkeit hingegen lebensverlängernd wirkt, beweist die Schildkröte ebenso wie das Faultier. Bei der ersten Gattung erreichte das bislang älteste bekannte Exemplar zweihundertsiebzig Jahre. Das Faultier wird zwar nicht so alt, aber es existiert als Gattung in einer »Vorgängerversion« immerhin schon seit etwa dreißig Millionen, Schildkröten sogar schon seit ungefähr zweihundertvierzig Millionen Jahren. Der Mensch existiert erst seit etwa vierzigtausend Jahren (hier gehen die Meinungen allerdings leicht auseinander). Es muss also einen Grund geben, dass wir keine zeitlichen Höchstleistungen erreichen, sosehr wir uns auch anstrengen mögen. Dass dies noch kommen mag, darf bezweifelt werden, denn vermutlich ist der Mensch diejenige Lebensform, die von der Erdoberfläche am schnellsten wie-

7:30 Die Minute Ihres Lebens

der verschwunden sein wird. Ein Witz erzählt Ähnliches: Treffen sich Erde und Mars an der Skybar. Sagt der Mars zur Erde: »Du siehst aber schlecht aus! Was hast du denn?« Die Erde antwortet: »Ich habe homo sapiens.« Darauf der Mars: »Ach, das geht vorüber ...«

Zurück zu unserem Thema: Offenbar ist das schnelle Leben nicht wirklich gesund. Das wissen alle, die an Bluthochdruck leiden. Neben weiteren Faktoren, die für ihn verantwortlich sind, lässt er auf ein turbulentes, hektisches Leben schließen, verspricht aber ein eher verkürztes Dasein, wohingegen Menschen mit niedrigem Blutdruck sich auf ein zwar ruhiges, aber dafür vermutlich längeres Leben einstellen können. Was ist nun besser? Beide Varianten haben etwas für sich. Die eine verheißt eine aufregende Existenz mit vielen Höhepunkten, die andere sieht eher langweilig aus, doch ist sie von einer längeren Lebenserwartung geprägt. Beide Male ist es aber immer die Zeit, die uns bleibt, um unser Hiersein zu erfüllen.

Der für Rasanz bekannte *Red Bull*-Konzern, der die Welt nicht nur mit einem berühmten Energy Drink, sondern auch mit sportlichen Höchstleistungen wie dem Stratosphärensprung von Felix Baumgartner versorgte und der vor allem bislang durch sein Engagement im Bereich der Be-Schleunigung von sich Reden machte (Formel-1-Rennen, Motorcross- und Luftrennen und andere Sport-Events), setzt neuerdings auch auf Ent-Schleunigung. Mit Produkten wie den Zeitschriften *Servus in Stadt und Land* sowie *Terra Mater,* zu denen es jeweils eigene TV-Sender gibt, hat man die Zeichen der Zeit erkannt und versucht, den Kunden den wohltuenden Lifestyle von Stille, Landleben und guter Luft nahezubringen. Während auf der einen Seite Schnelligkeit als allein seligmachende Lebenshaltung vermittelt wird, sieht man auf der anderen die Langsamkeit in der Pflicht, als Lebenselixier zu dienen. In beiden Fällen werden die Grundbedürfnisse des Menschen angesprochen: einmal die Sehnsucht nach Abenteuer und etwas, wodurch wir uns übersteigen können, um mehr zu sein, als wir sind; zum anderen die Sehnsucht nach Ruhe, Schutz und Geborgenheit sowie dem wahren Luxus unserer Tage: ausreichend Ruhe, genügend Platz, sauberes Wasser, reine Luft sowie sozial und zwischenmenschlich stabile Verhältnisse. Es ist interessant zu sehen, wie gut Red Bull nicht nur mit den Wünschen der potenziellen Kunden umzugehen weiß, sondern auch die Zeichen der Zeit erkennt und sofort darauf mit den geeigneten Produkten reagiert.

In diesem Zusammenhang ist es auch interessant, einen Blick auf die *vegane* Ernährung zu werfen. Diese gab es zwar schon vor hundert Jahren. Offenbar haben jedoch ein gesteigertes Bewusstsein für die Leiden der Tiere bei der Massentierhaltung und dem Transport sowie die vielen Lebensmittelskandale, die mit tierischen Produkten in Zusammenhang stehen, dafür gesorgt, dass sich aus der einstigen Lebenshaltung des Vegetarismus nun eine Bewegung herausgebildet hat, die mehr als nur ein Trend ist.

Ist die vegane Lebenshaltung eine Antwort auf die Lebensmittelärgernisse der vergangenen Jahre und beruht die Entschleunigung auf dem Überdruss an einer durch die technische Entwicklung immer schneller werdenden Welt, so wird einsichtig, dass der Mensch vor allem eines sucht: Lebens*qualität*. Man mag einen spektakulären Kitzel bei der Beschleunigung verspüren, eine Steigerung der Lebensqualität bedeutet sie nicht. Man mag im *Höher, Schneller, Weiter* eine kurzfristige Befriedigung erleben, doch auch dadurch wird keine Verbesserung der individuellen Lebensqualität erreicht. Offenbar wird diese in der Stille, im Rückzug, in der Einheit mit den Ressourcen der Natur oder in der Vertrautheit eines Gesprächs eher gesucht und auch gefunden als im Lärm der großen Städte, in denen uns Leuchtreklamen alle möglichen Glücksversprechen geben. Letzteres gilt übrigens auch für die Freizeitindustrie, die es ebenfalls schafft, uns durch den von ihr verursachten Stress zum Burn-out zu treiben. Erholung und Urlaub werden nur dann den gewünschten Erfolg haben, wenn wir anschließend nicht wieder in dieselben Muster verfallen, die uns erholungs- und urlaubsreif gemacht haben!

Soll man nun gänzlich auf Beschleunigung verzichten und sich ganz der Langsamkeit hingeben, nur um möglichst lange, aber wenig intensiv zu leben, oder gibt es doch einen Kompromiss, eine Haltung, die *actio* und *contemplatio* vereint? Ich glaube an einen solchen – indem ich nämlich versuche, viele meiner Handlungen, gerade wenn sie zur Routine geworden sind, so auszuführen, als wäre es *das erste Mal*. Ich bemühe mich darum, dies entschleunigt zu tun und auch so zu erleben. Diese Form nenne ich *achtsam*, weil sie uns in der uns zur Verfügung stehenden Lebenszeit nicht zum Nichtstun verdammt und uns gleichzeitig befähigt, an einer Weiterentwicklung der Welt teilzuhaben. Wenn wir an dieser aktiv beteiligt sind, dann kann man sogar davon sprechen, dass wir der Welt einen Seinszuwachs erwirken.

Dazu müssen wir unser Verständnis von *Zeit* allerdings so gestalten, dass es nicht länger fokussiert-linear, sondern holistisch als stete Wandlung und Ortsveränderung anzusehen ist. Dann brauchen wir weder die Vergangenheit mit uns herumzuschleppen, noch uns um die Zukunft zu sorgen. Wir stünden in der absoluten Gegenwart, im Hier und

Jetzt. Der Widerspruch in Redewendungen wie »*Jenseits von Raum und Zeit*« wäre endlich aufgedeckt. Denn wer fragt, was *jenseits* der Zeit war, nimmt an, dass es vor der Zeit eine Zeit gab, in der es *keine* Zeit gab. Und wer unbedingt wissen möchte, was *jenseits* des Raumes ist, impliziert, dass es jenseits dieses Raumes einen Raum gibt, in dem es *keinen* Raum gibt.

Stellen wir in diesem Kapitel die Frage, ob Langsamkeit ein Lebenselixier sei, so müssen wir gleichzeitig fragen, auf wen sich diese Frage bezieht. Denn die Zeit eines alten Menschen ist von der eines jungen grundverschieden, obwohl sich beide in der gleichen Zeit ändern und verwandeln: Ihr *Zeitempfinden* ist unterschiedlich. Zwischen einem zehnjährigen Mädchen und einem zwanzigjährigen jungen Mann liegt ein größerer Abstand als zwischen einer Zwanzig- und einem Dreißigjährigen, obwohl der Unterschied der Jahre beide Male gleich groß ist. Offenbar ist es so, dass der Abstand immer kleiner wird, je älter die Beteiligten werden. Haben sie dann schon achtzig und neunzig Jahre lang gelebt, schrumpft das wahrnehmbare Alter auf ein Minimum. Im Alter wird Zeit nicht mehr als ausgedehnt und endlos erfahren, sondern als etwas Sich-Verengendes, Beschleunigendes, Schrumpfendes, Abnehmendes, obwohl darin nicht viel, sondern eher wenig erlebt wird. Beim jungen Menschen dehnt die Erlebnisdichte das Zeitempfinden. Das Tempo der Zeit nimmt im Alter dagegen zu, und im Bewusstsein dominiert die Vergangenheit. Die Welt entschwindet dem alten Menschen, er wird enträumlicht.

Die Einheit von Langsamkeit und Beschleunigung ist allerdings nur etwas für die analoge Welt. In der digitalen verhält es sich eher so, dass die Beschleunigung derart schnell

7:30 Die Minute Ihres Lebens

vorangeht, dass diejenigen, die mit ihr arbeiten, sich ihrer Geschwindigkeit bald nicht mehr anpassen werden können. Zudem sind deren Folgen heute nicht absehbar, weil wir über keinerlei Langzeitstudien über eine mögliche »*digitale Demenz*« (wie der Direktor der Psychiatrischen Uniklinik Ulm, Manfred Spitzer, dies nennt) verfügen. Wir können aber heute schon ahnen, dass sich unser Körperbau durch den täglichen Umgang mit dem Smartphone im Laufe der Evolution zumindest hinsichtlich unserer Wirbelsäule und unseres Daumens verändern wird. Und auch das Gehirn wird nicht davon verschont bleiben.

Die Zeit, die uns zum Leben bleibt, können wir also einerseits nutzen, um mit der Entwicklung der Welt mitzuhalten, andererseits sollten wir uns auch immer wieder in Zustände begeben, die uns helfen, das eben Genannte ohne größere Schäden zu bewerkstelligen. Wenn wir noch dazu im Bewusstsein der Vergänglichkeit aller Dinge handeln, können wir problemlos und nahezu Zen-haft unser eigenes Fortschreiten in der Geschichte der Menschheit beobachten – eine gute Übung übrigens, mit der man es schafft, sich selbst nicht ganz so ernst zu nehmen und unser Ego heiter gestimmt zum Wohle aller zu überwinden.

INSPIRATION 8

Abrupte Entschleunigung ist für den menschlichen Körper, seine Seele und seinen Geist nicht nur schwer umzusetzen, sie ist auch gefährlich (denken wir an den sogenannten Managertod), da das Gewohnte radikal unterbrochen wird. Eine alte Geschichte erzählt davon, wie ein Indianer in Amerika von einem Auto mitgenommen wurde und nach einiger Zeit den Fahrer bat, anzuhalten. Er stieg aus und setzte sich an den Wegesrand. Gefragt, was er denn dort mache, antwortete er: »Warten, bis die Seele nachgekommen ist.«

Langsamkeit ist gut, aber auch sie muss gelernt sein und darf nicht im Widerspruch zur Welt an sich stehen. Eine achtsame Entschleunigung wäre demnach die Lösung.

Alles schwingt in dem ihm eigenen Rhythmus, so wie Sie auch. Um ein Ziel zu erreichen, ist es nötig, sich mit diesem Rhythmus zu vereinen. Dies gelingt Ihnen, wenn Sie Ihr »Ego aufgeben«, um sich ganz der Sache, dem anderen Menschen, der Aufgabe widmen zu können. Wie ein Bogenschütze werden Sie eins mit Ihrem Ziel und treffen mitten ins Schwarze.

Gehen Sie am nächsten Morgen für 60 Sekunden in sich, und konzentrieren Sie sich ganz auf *Die Minute meines Lebens*, die nun folgt:

> ## DIE MINUTE MEINES LEBENS
>
> Ich gestalte ab sofort
> alle meine Handlungen
> ruhig und überlegt.
> Ich lasse mich nicht länger von
> der Hektik der Zeit bestimmen,
> sondern finde
> den mir gemäßen Rhythmus.

7:30 Die Minute Ihres Lebens

ÜBUNG

- Sie können das Gewünschte erreichen, wenn Sie jeden Tag üben, eine Strecke von hundert Metern rückwärtszugehen. Da es Ihnen nicht gelingen wird, diese so schnell zu bewältigen, wie das im Vorwärtsgehen möglich wäre, sind Sie gezwungen, Ihre Schritte achtsam zu setzen, damit Ihnen oder anderen, die Sie beim Rückwärtsgehen nicht sehen können, nichts zustößt. Unternehmen Sie diese Übung immer wieder einmal, wenn Sie in einem Park, einem Wald oder auf einer Wiese sind. Sie werden bald merken, dass Sie auch das, was Sie nicht sehen, wahrnehmen können. Und Sie haben mit einem Mal ein Tempo erreicht, welches das Ihnen angemessene ist.

9
WERTEWANDEL

Warum nichts bleibt, wie es ist

Seit den Anschlägen auf das World Trade Center in New York am 11.9.2001 ist weltweit eine Werte-Diskussion im Gange, deren Ziel es ist zu klären, nach welchen ethischen Grundlagen sich eine aufgeklärte moderne Gesellschaft ausrichten soll. Die Inhalte reichen von der Ablehnung der Fremdenfeindlichkeit bis zur Zulassung weiblicher Priester innerhalb der katholischen Kirche. Neu ist eine solche Diskussion nicht, denn in der Geschichte hat es immer kontroverse Vorstellungen davon gegeben, welches die richtige Gesellschaftsordnung sei. In den Kulturen aller Zeiten leitet dabei jedes ethische System aus seiner eigenen immanenten Geschlossenheit konkrete Aussagen ab. Deren Inhalte sind immer »Sollen«- oder auch »Dürfen«-Aussagen, die durch ihr Eingebundensein in kulturelle, soziologische, psychologische, politische wie theologische Umstände – zumindest vordergründig – meist Verschiedenes ausdrücken und geschichtlichem Wandel unterliegen, da sich die Lebensverhältnisse (auch klimabedingt übrigens, doch dazu an anderer Stelle mehr) ändern. Das erfordert dann jeweils andere Normen. Moralische Prinzipien können sich demnach genauso wandeln wie Wertvorstellungen, die immer dann einer Veränderung unterliegen, wenn die, die sie vertreten oder vertraten, müde geworden sind. So verfügt zum Beispiel das Christentum über sehr viele Werte, welche manche Christen mittlerweile nicht mehr zu verteidigen gewillt sind, da sie der Kirche als Institution nicht länger vertrauen. Der Islam hingegen ist bereit, seine Werte überaus vehement bis hin zur Gewalt durchzusetzen.

Ein Grundproblem bei der gesamten Werte-Diskussion ist, dass derjenige, der anderen seine Werte propagiert, eben jene Menschen als bedürftig voraussetzt. Diese bräuchten seine Werte, um ein richtiges und glückliches Leben zu führen. Weil die scheinbar Bedürftigen aber möglicherweise gänzlich andere Vorstellungen von dem haben, was ihnen guttut, entstehen die interkulturellen Konflikte, mit denen wir nicht erst seit dem Beginn des einundzwanzigsten Jahrhunderts zu tun haben.

Wenn *Ethik* das um seiner selbst willen getane Gute ist, zum Beispiel die Rettung eines Ertrinkenden, so stellt die *Moral* meist die Rechtfertigung eigener Interessen in den Vordergrund á la »Wo kämen wird denn da hin?« Somit handelt ein ethisch eingestellter Mensch freiwillig, aus sich selbst heraus, ohne Bedingung, spontan und ohne nach dem Zweck zu fragen, ein Moralist hingegen zwanghaft. Um es vereinfacht auszudrücken: Der Moralist unterstützt herrschende Systeme, der ethisch agierende Mensch kennt ein solches System gar nicht.

Beziehen wir solche Überlegungen in unsere Hauptfrage nach der *Zeit, die uns zum Leben bleibt,* mit ein, müssen wir erkennen, dass hier das Überzeitliche, wie es zum Beispiel in den *Zehn Geboten* gegeben ist, zwar wirkt, wir aber gleichzeitig gezwungen sind, uns den konkreten alltäglichen Forderungen gegenüber *richtig* zu verhalten – und zwar so, als wären unsere Reaktionen Allgemeingut, auf das man sich in einem langen Prozess geeinigt hätte. Das kann natürlich nicht immer gelingen, dennoch ist es notwendig, um dem menschlichen Zusammenleben eine gewisse Ordnung zu geben.

Wertewandel – 9

In dieser aber erfahren wir öfter, als es uns lieb ist, dass nichts ist, wie es scheint, und nichts bleibt, wie es ist. Wir erleben also einen permanenten Wandel und müssen auf ihn antworten. Wir erleben die Vergänglichkeit von Immateriellem (Ideen und Vorstellungen beispielsweise) so wie von Materiellem (Menschen wie Dingen). Gerade bei Trennungen oder Todesfällen müssen wir die Begrenztheit von allem, was ist, erkennen. Da uns aber niemand gelehrt hat, wie man damit umgehen soll, und die Religionen uns auf ein *Später wird alles gut* vertrösten, müssen wir Verhaltensmuster entwickeln, die uns helfen, über die erlittenen Verluste hinwegzukommen. Andernfalls würden wir in Trauer ersticken.

Die hochinteressante Fernsehdokumentation *Klima macht Geschichte* aus der *Terra X*-Reihe hat eindringlich gezeigt, dass Aufstieg und Fall von Kulturen (und somit auch Reichtum und Armut der Völker) letztlich ausschließlich auf Klimagunst oder Klimaungunst zurückzuführen sind. In gemäßigten Klimaperioden der Weltgeschichte können sich – vor allem durch die problemlose Erzeugung von hochwertiger Nahrung – Hochkulturen entwickeln, die ihrerseits wiederum großartige Bauwerke, Erfindungen, Kunst und andere Kulturleistungen hervorbringen. Ändern sich aber die klimatischen Bedingungen, streben diese Kulturen ihrem Niedergang entgegen. Auch übermäßige Vulkanausbrüche, die zum *vulkanen Winter* führen, bei dem die Sonnenstrahlen die Stratosphäre nicht mehr durchdringen können, führen zu Niedergängen, weil das Wachstum der Pflanzen für durchschnittlich achtzehn Monate ausbleibt und die Menschen nichts mehr haben, wovon sie sich ernähren könnten. Das führt zu Völkerwanderungen und zu Verschiebungen innerhalb der moralischen Vorstellungen und den damit verbundenen Botschaften.

7:30 Die Minute Ihres Lebens

Es kann nur so lange eine Konstanz geben, wie das Klima einigermaßen mitspielt. Ist dies nicht der Fall, verändert sich mit einem Schlag alles, und auch die Werte wandeln sich. Wir müssen also die Zeit nutzen, wenn wir die Gnade haben, in einer der gemäßigten klimatischen Zeitperioden leben zu dürfen, die im Durchschnitt dreihundert Jahre dauern. Die für unsere Breitengrade gegenwärtige, ganz besondere Klimagunst besteht schon längere Zeit. Wir wissen nicht, was kommen wird, nur dass etwas geschieht, ahnen wir schon heute. Der Klimawandel ist ursprünglich nicht vom Menschen gemacht. Erst ab der Industrialisierung beeinflusst er das natürliche Geschehen – mit Besorgnis erregenden Folgen, wie unter anderem die globale Erwärmung zeigt.

Das Werteverständnis hat also mit der klimatischen Entwicklung auf diesem Planeten zu tun, natürlich aber auch mit der politischen. Die Werte der Französischen Revolution *Freiheit, Gleichheit, Brüderlichkeit* hatte es eigentlich schon lange zuvor in der griechischen Demokratie gegeben. Es dauerte jedoch fast zweitausend Jahre, bis sie wieder im Bewusstsein der Menschen auftauchten. Im Gegensatz zur kirchlichen Moral beispielsweise fordern sie keine Unterwerfung, sondern gründen auf Freiheit. Deshalb ist auch die Trennung von Staat und Kirche eine der besonderen Errungenschaften der Moderne, die allerdings stets der Gefahr unterliegt, dass sie jeden Idealismus zugunsten eines pragmatischen Realismus zunichtemacht. Dadurch verlieren Menschen wiederum ihren Rückbezug zu dem, was die religiöse Sprache *Gott* nennt. Und genau das kann zu einer Enthumanisierung führen, wie uns die letzten beiden Weltkriege gezeigt haben.

Wenn sich dazu noch die Vorstellung, dass es ohnedies nichts Bleibendes gibt, in unserem Bewusstsein verankert, so sind wir stets zwischen unserem Gewissen und der Freiheit hin- und hergerissen. Wir wissen auch, dass alles, was entsteht, eines Tages vergehen wird. Am bevorstehenden eigenen Tod können wir das ganz klar ablesen. Wir wurden gezeugt, geboren, leben, lesen zum Beispiel in diesem Moment diese Zeilen und werden irgendwann sterben. Und wieder stellt sich hier die Frage: Was mache ich mit der Zeit, die mir zur Verfügung gestellt wurde? Lasse ich sie ungenutzt verstreichen? Packe ich so viel davon wie nur möglich in mein Leben? Tue ich ausschließlich Gutes, damit ich positiv im kollektiven Gedächtnis der Menschheit verbleibe? Oder ist mir dies völlig egal, da ich sowieso sterben muss?

Um das Thema des ethischen Verhaltens, also des um seiner selbst willen getanen Guten, zu vertiefen, möchte ich Sie etwas fragen: Nehmen Sie an, Ihre Mutter oder Ihr Vater *und* Ihre Frau oder Ihr Mann werden gleichzeitig von den Fluten eines reißenden Stroms weggespült. Sie haben aber nur die Möglichkeit, einen der beiden zu retten. Wem würden Sie helfen?
    Ich habe lange über die Antwort nachgedacht. Zunächst erschien es mir einleuchtend, seine Frau oder seinen Mann zu retten, da die Eltern ihre biologische Aufgabe schon erfüllt haben. Dann aber kamen mir Skrupel: Eltern hat man nur einmal, also muss man sie retten, da es Frauen oder Männer als mögliche Partner ja noch genügend auf der Welt gibt, auch wenn die jeweilige Beziehung natürlich etwas Einzigartiges ist.
    Ich befand mich in einem Konflikt. Für beide Möglichkeiten gab es gute Argumente. Wie sollte ich mich also *richtig* verhalten, und zwar nicht dem Gesetz oder einer göttlichen Autorität gegenüber, sondern mir ganz allein, meinem *Gewissen* verpflichtet?

7:30 Die Minute Ihres Lebens

Je mehr ich nachdachte, umso verwirrter wurde ich. Also ging ich zu einem Fluss, starrte auf das sanft dahinfließende Wasser. Und mit einem Mal hatte ich die Antwort: *Ich werde den retten, der mir am nächsten ist!*

Jetzt werden Sie sagen: Was ist denn mit *am nächsten* gemeint? Geht es hier um die räumliche Distanz, den Verwandtschaftsgrad oder die seelische Beziehung? Und genau dann, wenn Sie sich diese Frage stellen, haben Sie den Sprung vom moralischen zum ethischen Verhalten vollzogen. Sie trennen die Theorie von der Praxis und handeln nach dem Motto »*Die Mittel heiligen den Zweck*« (bei der Moral hieße es »*Der Zweck heiligt die Mittel*«).

Wir sehen: Auch wenn nichts bleibt, wie es ist, so gibt es doch *bleibende Werte,* die freilich keiner äußeren Begründung bedürfen. Ihr Maßstab liegt in ihnen selbst, und sie zwingen mich zum Handeln. Solange dieser Maßstab sich nicht mit der Aussicht auf materiellen Erfolg vermengt, ist unser Tun an-archisch. Das bedeutet, dass es nicht von einer höheren Macht kontrolliert wird. Dies geschieht erst dann, wenn sich die Hoffnung auf Erfolg einschleicht, was gerne zu einem Verhalten führt, das von der ursprünglichen Ehrlichkeit abweicht.

Da wir den *Wertewandel* meist als negativ erleben, weil unser gesichertes Dasein aus dem Lot gerät, wollen wir verständlicherweise nichts lieber, als am Althergebrachten festhalten. Gleichzeitig ist aber allem immanent, dass es nicht so bleibt, wie es ist, wie wir nun schon sehr oft festgestellt haben. Veränderung ist die einzige Konstante, die es gibt. Wir sind also ständig in einem Hin und Her von Starrheit und Flexibilität gefangen und müssen uns, um überleben zu können, irgendwie arrangieren. Unser Leben gleicht einem Slalomlauf, was uns wiederum von den Vertretern der herrschenden Meinung, von jenen also, die eine Deutungshoheit über alles zu haben meinen, zum Vorwurf gemacht wird. Wir dürfen also einerseits nichts Neues kreieren, weil wir sonst das Alte demontieren, andererseits sieht man uns in der Pflicht, Neues zu gestalten, damit keine Starre eintritt. Wie entkommt man diesem Dilemma?

Nur indem man sich entscheidet. Gerade wegen der Vielzahl der existierenden Werte sind wir aufgerufen, Farbe zu bekennen. Wir müssen uns festlegen, zu welchen Werten wir stehen und nach welchen wir unser Leben gestalten wollen. Möchten wir uns dem Selbstbetrug hingeben und uns weiterhin der Täuschung ausliefern, oder wollen wir endlich Klarheit in unser Leben bringen und ohne schlechtes Gewissen oder tägliche Furcht und Frustration die Fülle des Daseins (wieder)entdecken und feiern? Wollen wir rückwärts gewandt leben, oder sehnen wir uns nach Zukunft? Doch die Zukunft ist jetzt! Die Vergangenheit ist jetzt! Die Gegenwart ist jetzt! Was hindert uns also noch, zu uns selbst durchzubrechen und unsere Seele zu sanieren?

Wenn nichts bleibt, wie es ist, und auch wir diesem Gesetz unterliegen, wo finden wir dann eine zuverlässige Konstante? In der Liebe? Eher nicht, denn auch diese kann vergehen. Im Berufsleben? Auch nicht, denn die Arbeitswelt ist einem ständigen Wandel unterworfen.

Im Alltag? Dieser taugt hierfür genauso wenig. Im Glauben? Hier scheint sich schon eher eine Tür zu öffnen. Denn immerhin beansprucht der Glaube – egal welcher Religion –, ewige, immergültige Wahrheiten zu verkünden. Das mag ein Grund dafür sein, weshalb Menschen – trotz aller wissenschaftlichen Erkenntnisse – immer noch gläubig sind. Der Glaube hilft nicht nur, mit Tod und Verlust besser umzugehen, sondern er bietet sich auch in einer sich permanent verändernden Welt als stabiler Anker an, wenn die Wellen des Lebens zu stark werden und man unterzugehen droht. Glaube, Werte und Wertvorstellungen verfügen somit über eine soziale Funktion, ohne die unser Zusammenleben sehr schwierig werden würde. Und da sie ihren Maßstab aus sich selbst heraus haben, sind sie auch unantastbar, weshalb sie mit dem Prädikat *heilig* treffend beschrieben sind. Auch dem Heiligen ist es zu eigen, immerwährend, unvergänglich zu sein, ewige Werte zu verkörpern und uns stets von Neuem daran zu erinnern, dass es mehr gibt als das, was wir wahrnehmen.

Es ist also nicht schlimm, wenn sich alles permanent verändert und wir einem andauernden Wandel unterworfen sind. Im Gegenteil: Wir dürfen froh sein, nicht in ewiger Trägheit verharren zu müssen. *»Was sich ins Bleiben verschließt, schon ists das Erstarrte«*, heißt dieser Gedanke bei Rainer Maria Rilke, der deshalb fordert: *»Wolle die Wandlung.«* Letztlich ist aber der Grund, weshalb nichts bleibt, wie es ist, nur ein einziger: *Es lebt.*

INSPIRATION 9

Werte sind keine festgeschriebenen Gesetze, sondern dem Einfluss der Zeiten unterworfen. Letztlich beherrscht das Vorwärtsschreiten in der Geschichte unser Sein vollständig. Wenn aber nichts bleibt, wie es ist, wo finden wir dann Zuverlässigkeit? Zunächst einmal in uns und dann in einer transzendenten Quelle, welche die Religionen als »Gott« bezeichnen. Dieser *»unbewegte Beweger«*, wie ihn Aristoteles nannte, bewegt alles, was ist. Er selbst kann aber nicht von außen bewegt werden, denn sonst könnte er ja nichts bewegen. Er ist seit jeher die Antwort auf die Flüchtigkeit, der wir ausgeliefert sind. In ihm kommen gewissermaßen alle

Wertvorstellungen zusammen und bilden einen einzigen, unvergänglichen, ewigen Wert, den man deshalb auch Wahrheit nennt.

Auch wenn Sie nicht an Gott glauben, so wird es immer wieder Momente geben, in denen Sie bei einem Ereignis eine transzendente Quelle vermuten und manches Mal sogar hoffen, dass es sie geben möge. Diese Rückbesinnung tut Ihnen gut, denn Sie merken, dass auch noch ein anderer Maßstab existiert als Ihr persönliches Sein und Handeln. Dabei können Sie immer tiefer in sich selbst blicken und Erkenntnisse machen, die Sie für immer prägen werden.

Gehen Sie am nächsten Morgen für 60 Sekunden in sich, und konzentrieren Sie sich ganz auf *Die Minute meines Lebens*, die nun folgt:

DIE MINUTE MEINES LEBENS

Ich weiß, dass alles vergehen wird,
aber das macht mich nicht traurig.
Im Gegenteil:
Aufgrund der Begrenztheit von allem
kann ich die Fülle des Lebens überhaupt
erst wahrnehmen
und mir Gedanken darüber machen,
woher alles stammt.

7:30 Die Minute Ihres Lebens

ÜBUNG

- Fahren Sie zu einem Wasserfall, und versuchen Sie, sich in seiner Nähe niederzulassen. Vertiefen Sie sich gedanklich in das von oben herabstürzende Wasser. Wie bei einer Meditation können Sie nach und nach mit dem Wasserfall verschmelzen. Sie fühlen nun sein Wesen und erkennen, dass es zwar immer anderes Wasser ist, welches den Berg herunterfließt, der Wasserfall an sich aber immer derselbe bleibt. Nun verstehen Sie, dass sich die Werte zwar ändern, jedoch alle Werte zusammengenommen einen Megawert bilden, der seinen Ursprung in einem Gigawert hat. Nun müssen Sie auch keine Angst mehr vor Veränderung, egal welcher Art, haben. Es bleibt zwar nichts, wie es ist, aber es gibt einen Ursprung von allem, der sich niemals verändert hat und verändern wird.

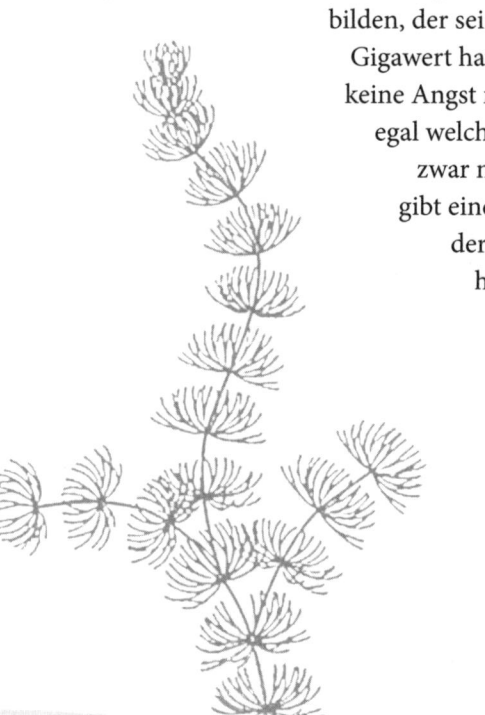

10

SEID UMSCHLUNGEN, MILLIARDEN

Was aus allen Menschen,
die bis heute leb(t)en, wurde und wird

Es gibt Untersuchungen, die zeigen, dass seit der Existenz des Menschen vor den heute lebenden schätzungsweise sieben Milliarden Menschen weitere circa drei Milliarden schon existierten. Das heißt: Die Erde hat bis heute etwa zehn Milliarden Menschen beherbergt. Allen ist gemeinsam, dass sie irgendwann während ihres Daseins mit dem Thema *Tod* konfrontiert wurden oder werden, sei es durch das Ableben eines Angehörigen oder eine schwere Krankheit, die am eigenen Leibe erfahren wurde, oder andere Situationen. Um eine Antwort auf die älteste aller Fragen *Was ist nach dem Tod?* zu finden, entwickelten die Menschen unterschiedliche Vorstellungen, die vom reinen Nichts bis zur Seelenwanderung reichen.

Wenn wir uns Gedanken darüber machen, wo die sterblichen Überreste unserer Vorfahren sind, von denen ja immer nur einige wenige von Archäologen und Anthropologen gefunden werden, und zusätzlich darüber reflektieren, was denn von dem, was einst war, geblieben ist (ganz zu schweigen von der Frage, was *für immer* bleibt), dann kommt man durchaus ins Grübeln. Es geht einem ähnlich wie bei der Frage, warum denn ein Wald nicht voll von Tierskeletten ist, wenn ihn doch so viele Lebewesen bewohn(t)en.

7:30 Die Minute Ihres Lebens

Zusätzlich können wir uns fragen, was die *Seele* sei und worin sie sich vom Geist unterscheidet. Wenn es eine Seele gäbe, die verschiedentlich inkarniert, gelte dies dann auch für den Fall, wenn sich die Menschen zur Gänze ausgelöscht hätten oder unser Planet von einem Asteroiden getroffen würde und nicht mehr existierte? Überlegungen dieser Art mögen nach Science-Fiction klingen, doch wir sollten sie nicht außer Acht lassen, denn sie zeigen schnell, ob unsere Fragen bezüglich der Seele und des Geistes letztlich nicht doch nur Wunschvorstellungen entspringen.

Wenn zum Beispiel gesagt wird, die Seele würde sich Eltern aussuchen, was ist dann, wenn das Kind bald nach der Geburt stirbt? War dies im Plan der Seele vorgesehen? Oder was ist, wenn ein Mensch, der diesem Weltbild zufolge einst eine Seele war und dann inkarnierte, bei einem Bombenattentat ums Leben kommt? Sucht sich dessen Seele dann wieder einen neuen »Wirt«? Hatten alle bis jetzt gelebten Menschen eine Seele, die dann stets neue Gestalt annahm? Und was ist mit den Tieren? Haben diese keine Seele? Oder nur diejenigen, die über ein »höheres Bewusstsein« verfügen, wie es vermutlich bei Hunden der Fall ist? Was wurde aus Hitlers Seele?

Und gilt die Auffassung der Seelenwanderung nur für Kulturen, die diese Vorstellung entwickelten, womit es also in einer Kultur mit einer anderen Auffassung keine Seele gibt?

Fragen dieser Art gehen immer von einer Prämisse aus: dass nämlich das Menschsein ein Mysterium und ein solches per definitionem eben ein nicht zu lösendes Rätsel ist. Auf der anderen Seite finden die Naturwissenschaften, allen voran die moderne Neurowissenschaft, immer Erstaunlicheres bezüglich dieser Phänomene heraus. Schwierig wird es freilich meist dann, wenn jemand etwas behauptet, zum

Beispiel, dass »die Seele befreit werden muss«, dieses glaubt und verbreitet. So kann in relativ kurzer Zeit Rassismus entstehen (»sind selber schuld an ihrem Schicksal«) oder auch äußerst problematische Vorstellungen wie: »Ich würde nie dulden, dass meinem todkranken Kind ein Fremdorgan eingepflanzt wird, denn es hat dann im Jenseits große Schwierigkeiten und wird als Krüppel wiedergeboren.«

Es ist interessant zu sehen, dass bei Glaubensinhalten der *normale Menschenverstand* oftmals ausgeschaltet wird. Man glaubt eben das, was man in der Kindheit durch Elternhaus, Schule und Kirche eingetrichtert bekommen hat, oder das, was man selbst für logisch erachtet, wie dies bei Weltverschwörungstheorien der Fall ist. Da wird dann gern behauptet, dass die Mondlandung nie stattgefunden hat, der 9.11.2001 von den Amerikanern selbst inszeniert wurde, Elvis am Leben ist und Prinzessin Diana vom britischen Geheimdienst umgebracht worden sei. Und da es auch eine Logik des Irrtums gibt, je nachdem, von welcher Prämisse man das Folgende ableitet, ist auch kaum jemand davon zu überzeugen, dass seine Ansicht falsch sein könnte. Auf die Frage, woher er denn das wisse, kann er zwar nur antworten, dass er es lediglich gelesen oder gehört habe. Dies wird ihn aber vermutlich nicht daran hindern, weiter das zu glauben, was er glauben möchte.

Hinter allem steht die unausgesprochene Frage, was aus uns wird, wenn wir einmal gestorben sind; damit verbunden ist das Rätsel, weshalb wir überhaupt hier sind und was wir in der Zeit, die uns geliehen ist, tun sollen.

Ich möchte hier nicht in die Diskussion um Seelenwanderung oder ein wie auch immer geartetes *afterlife* einsteigen (in Kapitel 15 versuche ich es trotzdem mit einer genetischen Deutung), weil auch ich dann nur eine Spekulation vortragen würde, die im Anschluss von manchen als *wahr* eingestuft würde, von anderen dagegen als *Unsinn*. Ich möchte mich stattdessen hier dem Diesseitigen zuwenden und herausfinden, was wir mit der uns überlassenen Zeit anfangen sollen, um sie als möglichst beglückend zu erleben. Die Konzepte dafür sind so zahlreich wie die Menschen, die sie umzusetzen suchen, dennoch will ich an dieser Stelle einige meiner Favoriten anführen:

Lieben: Dies steht für mich immer an erster Stelle, denn – ich denke, hier sind sich alle Leserinnen und Leser einig – Schöneres gibt es nicht.

Gutes tun: Anderen etwas angedeihen zu lassen, das ihnen nützt und hilft. Seinen Mitmenschen etwas schenken, das sie glücklich macht. Auch hier muss man konstatieren, dass es nur wenig gibt, was ein solch positives Feedback auslöst, von dem wir wiederum selbst profitieren.

Kreativ sein: Jeder Mensch verfügt über eine schöpferische Ader. Wenn er sich hier betätigen kann, erfährt er durch sein Tun eine gewisse Befriedigung; andere können sich zudem seine Kreativität zunutze machen.

Soziale Bindungen leben: Das bewusst gestaltete, freudvolle Miteinander ist gerade in unserer immer komplexer und anonymer werdenden Welt eine Grundvoraussetzung dafür, ein erfülltes Dasein zu führen.

Neugierig bleiben: Das Leben ist eine einzige Überraschung, und wir wissen nicht, welches Faszinosum hinter der nächsten Ecke auf uns wartet.

Mutig sein: Ohne Engagement kann man seine Welt nicht verbessern. Es hilft nichts, zu Hause zu sitzen und auf Änderung zu warten.

Engagiert sein: Am besten gemeinsam mit anderen, damit sich die Kraft der Welle vervielfacht.

Offen sein: Nichts ist schlimmer als ein verstockter Geist, der nichts anderes als das ihm Bekannte zulässt. Dadurch trennt man sich von den Möglichkeiten, die das Leben permanent bietet.

Barmherzig sein: Das mag altertümlich klingen, ist aber die Grundlage für jede Haltung, die den Mitmenschen ernst nimmt. Durch dessen Feedback erfahren wir Sinn.

Geben: Es sei seliger als nehmen, heißt es, und das ist sicher richtig. Geben befreit.

Glauben: Der Glaube hilft, egal welcher Religion man angehört. Jede schwierige Situation lässt sich überstehen, wenn man in seinem Glauben Zuflucht findet.

Hoffen: Da es kein Ende gibt, bleibt auch immer die Hoffnung, dass es weitergeht. Das gilt für jeden Bereich des Daseins. Ohne Hoffnung wären wir nicht lebensfähig.

Was hier aufgelistet ist, wird durch seine Verwirklichung zu liebender Partnerschaft, Beziehung, Freundschaft, Ehe, Nachbarschaftshilfe, Freundesdienst, Ehrenamt, schöpferischer Gestaltung des Privaten oder des Berufs sowie zur Hilfe zur Selbsthilfe. In diesem *Miteinander*, das sich auch als *Füreinander* manifestieren kann, erfahren wir Sinn, Lebensfreude und Glück. Wir erkennen, weshalb wir hier sind, warum sich die Anstrengung gelohnt hat, zu der wir uns die Mühe machten. Gleichzeitig erleben wir uns selbst als Person, als jemand, der gewollt ist und seinen Platz in der Welt hat. Das gelingt nur, solange wir aufeinander bezogen sind. Ein Beispiel: Eine Frau wird erst durch ein Kind zur

Mutter. Die gegenseitige Beziehung schenkt beiden einen Status, den sie ihr ganzes Leben über behalten und der ihnen Stabilität verleiht. In dieser rückbezüglichen Würdigung des Lebens liegt für beide der Sinn ihres Daseins. Sind dann eines Tages die Mutter (und der Vater) gestorben, ist das Kind kein Kind mehr. Es ist nun mehr denn je aufgefordert, ein Leben in Eigenverantwortung zu führen.

Wenn wir wissen wollen, was aus uns werden wird (nicht nur beruflich, sondern als Person mit allen Eigenschaften, Fähigkeiten und Facetten), dann setzt diese Frage ein hohes Reflexionsvermögen voraus. Denn an diesem Punkt angelangt, müssen wir als Erstes konstatieren, dass unser Leben irgendwann einmal zu Ende sein wird und wir vielleicht nicht genügend gelebt haben, um nun abzutreten.

Dem schließt sich die Frage nach dem *Danach* an. Was ist *nach dem Tod*? Nichts? Wirklich nichts? Gibt es danach gar nichts mehr? Nichts, was an uns erinnert? Werden wir wiedergeboren? Oder sind wir für immer und ewig verschwunden?

Es gibt – in anderem Zusammenhang – zwei interessante Fragenkomplexe:

Wo sind die Töne, bevor man sie hört?

Wo sind die Gedanken, bevor man sie denkt?

Nach ähnlichem Muster können wir nun fragen:

Wo sind wir, bevor wir geboren sind?

Wo sind wir, wenn wir gestorben sind?

Die Antwort auf den ersten Komplex lautet: Sie sind im Bereich der Möglichkeiten, die auf Realisierung warten. Und die Antwort auf den zweiten Komplex heißt: Wir kamen aus dem Bereich der Möglichkeit in jenen der Realisierung, und nun gehen wir wieder zurück in den der Möglichkeiten. Was dort genau geschieht, können wir nur erahnen, und gewiss werden wir darüber spekulieren und uns tröstende Gedanken machen. Aber wissen im Sinne der heutigen wissenschaftlichen Kriterien können wir es nicht. Deshalb kreieren wir Vorstellungen, wie es sein *könnte*: Wir treten in das Jenseits ein, reisen ins Nirwana, kommen ins Paradies, treffen all jene wieder, die wir einst liebten, vereinen uns mit allem, sind reiner Geist, Engel, Seelen – ohne den irdischen Ballast. Dies alles impliziert, dass unser Dasein auf Erden eher negativ war, weshalb auch die Aufforderung »*Ruhe in Frieden*« oder *R.I.P. (Requiescat in pace)* davon kündet, dass das Leben eben kein friedvolles ist.

Wenn es sich aber so verhält, weshalb strengen wir uns dann nicht an, aus unserer irdischen Anwesenheit etwas zu machen, das sinnvoll und voller Glück ist? Warum müssen wir diese Zustände in eine Zeit verschieben, in der wir nicht mehr sind? Kann es uns denn nicht gelingen, hier und jetzt die Schönheit der Existenz zu erfahren und zu leben? Weshalb ist für uns das Irdische ein Jammertal, dem man nur entgehen kann, sobald man die himmlischen Freuden des Paradieses genießt? Was ist falsch gelaufen mit unserem Hiersein?

Eines steht fest: Wir sind in einem Zeitalter angekommen, das der Psychologe und Soziologe Gustave LeBon schon vor hundert Jahren als das »*Zeitalter der Massen*« bezeichnete. In ihm verschwindet der Individualismus infolge der Industrialisierung zugunsten der Massengesellschaft, die für die gesamte Menschheit eine Gefahr darstellt, da sie sich selbst nicht mehr kontrollieren kann. Die beiden letzten großen Kriege des zwanzigsten Jahrhunderts hätten ohne das Aufkommen der Masse und deren Herdentrieb nicht stattgefunden.

Den rasanten Anstieg der Gattung Mensch beschrieb die Künstlerin Gloria Friedmann mit ihrem Werk mit dem gleichnamigen Titel in simpler, aber eindrucksvoller Weise:

Je suis née dans un monde de 2.519 milliards d'habitants, actuellement nous sommes 7,110 milliards et je mourrai dans un monde d'environ 9 milliards d'êtres humains.

Ich wurde in eine Welt mit 2,519 Milliarden Einwohnern geboren, gegenwärtig sind wir 7,110 Milliarden, und ich werde in einer Welt mit 9 Milliarden menschlicher Wesen sterben.

Diese Zahlen stellen uns nicht nur vor umwelt- und andere politische Probleme, man kann mit ihnen auch gewisse Bereiche der Spiritualität beleuchten, wie ich dies einige Zeilen zuvor getan habe. Ich bitte, mich bezüglich dieser Aussagen nicht misszuverstehen. Auf keinen Fall möchte ich mich über die Vorstellungen einer jenseitigen Welt lustig machen, ich möchte nur das Augenmerk dahin lenken, dass wir letztlich keine Aussagen darüber machen können, die Allgemeingültigkeit haben. Auch wenn genügend Nahtoderlebnisse die *andere Seite,* die *andere Dimension,* die Welt *dort drüben* eindringlich schildern, so bleiben diese subjektive Erzählungen, von denen manche Hirnforscher annehmen, sie seien ein Trick unseres Gehirns, um den schwerverletzten oder todkranken Körper nicht sterben zu lassen. Die Synapsen gaukelten ihm dann etwas Schönes vor, damit er sich nicht aufgäbe.

Natürlich wäre ich froh, wenn ich Ihnen an dieser Stelle eine schöne Botschaft wie die des Opfertodes Jesu, der damit die Welt erlöste, überbringen könnte. Aber das ist mir leider nicht gegeben. Im Gegenteil frage ich mich, warum die Welt eigentlich erlöst werden soll und weshalb wir schon als sündige Wesen mit der Erbschuld geboren werden. Dazu sagt Otto Mainzer, der unermüdliche Anwalt einer aufgeklärten Spezies, in seinem erotischen Manifest *Die sexuelle Zwangswirtschaft*, dass die Korrumpierung des Geschlechts der verhängnisvollste Tatbestand ist, »*den es für das Liebesglück des Einzelnen wie das Gedeihen der Gesellschaft gibt. Sie ist die eigentliche und einzige Erbsünde der Menschheit*«.

Was hat dies mit unserem Thema zu tun? Ganz einfach: Wenn wir als Spezies weiterexistieren wollen, müssen wir vor allem darauf achten, die Zeit, die wir zur Verfügung haben, so zu verbringen, dass wir uns an jeder Sekunde erfreuen. Die meisten von uns nutzen beim Skifahren ihren Tagespass, solange er gültig ist. Die wenigsten kämen auf die Idee, ihn nicht vollständig zu nutzen. Ein Kino verlassen wir auch nicht, weil wir einfach gehen wollen, sondern höchstens, weil uns der Film nicht gefällt, und in einem Restaurant stehen wir während des Essens nicht einfach auf und gehen nach Hause. Immer versuchen wir das, wofür wir bezahlt haben oder zahlen werden, so gut wie möglich aufzubrauchen. Nur beim *Leben* verhalten wir uns nicht so konsequent, sondern belasten das Schönste, Beste und Wertvollste, das wir haben, mit Sorgen, Ärger und Kummer, mit Krieg, Feindschaft und anderem Destruktivem, bis wir eines Tages zu den zehn Milliarden Menschen gehören, die einmal auf dem Planeten Erde lebten. Weshalb versuchen wir nicht, unser Dasein anders zu gestalten, zum Beispiel indem wir der Liebe und Nächstenliebe oberste Priorität in unserem Leben einräumen? Wir aber wollen zuerst beruflich Karriere machen, um uns anschließend der Liebe und eventuell einer Familie zu widmen. Dies machen wir natürlich nur aus einem Grund:

7:30 Die Minute Ihres Lebens

Wir wollen zunächst materielle Sicherheit, um uns dann den Freuden des Daseins hingeben zu können. Leider ist die Sicherheit nie sicher, weil das Geld die unangenehme Eigenschaft hat, sich zu verflüchtigen, und die Freuden des Daseins werden auch weniger, wenn die Zeit schwindet. Wir sind also in einem Dilemma gefangen. Wenn wir das eine nicht tun, meinen wir, das andere nur unter Schwierigkeiten erreichen zu können, und wenn wir es tun, fürchten wir, dass uns das andere entgleitet.

Gibt es eine Lösung für dieses Problem (oder auch *von* diesem Problem)? Ich meine Ja. Aber nur dann, wenn wir den Wert der Menschen, die wir lieben, über den von abstrakten Dingen stellen. *»Wer liebt, dem wachsen Flügel«*, heißt es. Und genau das geschieht tatsächlich, wie jeder weiß, der dies schon einmal in seiner Tiefe erlebt hat. Die Liebe befähigt uns zu den besten Taten, weshalb sie auch dafür sorgen wird, dass das Materielle kein Problem darstellt. Ganz umsonst ist dies aber nicht, denn eines verlangt die Liebe von uns: wirkliche Hingabe. Nur in ihr finden wir Erfüllung.

INSPIRATION 10

Weil die Menschheit sich zur Massengesellschaft entwickelt hat, gibt das Individuum (lat. *in-dividuus* = »unteilbar«) seine Sonderstellung auf. Auch in den sozialen Medien ist das Teilen etwas, das zwar einerseits schön ist, da man andere an seinem Dasein teilhaben lässt, aber es ist auch erschreckend, weil wir unsere Zeit damit verbringen, anderen oder Unbekannten Banales mit-zu-teilen, wofür wir dann Lob ernten wollen (»Likes«). Wenn der Wert eines Menschen aber nur noch daran gemessen wird, wie viele virtuelle Freunde oder Likes er hat, müssen sich diejenigen, die davon weniger und gar nichts aufweisen können, ausgegrenzt fühlen. Es gilt also, innerhalb der Vermassung den Wert des Einzelnen wiederzuerkennen und den Menschen an sich zu würdigen.

Als ein Teil der menschlichen Gemeinschaft sind Sie sowohl »alle« wie auch »Sie allein«. Innerhalb dieser Einheit in Vielfalt dürfen Sie sich Ihren Anlagen gemäß entwickeln. Es ist wichtig, dass Sie Ihre Fähigkeiten nicht verkümmern lassen, sondern sie dort einsetzen, wo diese willkommen sind. Dadurch erhalten Sie Selbstbestätigung, die für Ihr weiteres Dasein wichtig ist und durch die Sie andere überzeugen können, Ihren eigenen Weg als vorbildlich anzusehen.

Gehen Sie am nächsten Morgen für 60 Sekunden in sich, und konzentrieren Sie sich ganz auf *Die Minute meines Lebens*, die nun folgt:

DIE MINUTE MEINES LEBENS

Ich begreife,
dass ich einzigartig bin
und mein Wert
nur in mir selbst liegt.

ÜBUNG

Bedenkt man, dass von den ungefähr zehn Milliarden Menschen, die bisher den Planeten bevölkerten, etwa drei Milliarden schon wieder verschwunden sind und man selbst in den nächsten Jahrzehnten zu den Nicht-mehr-Seienden gehören wird, verursacht dies ein merkwürdiges Gefühl des Ausgeliefertseins an die Mächte des Schicksal, an Gott, woran auch immer ... In meinem schon erwähnten Buch *Als wär's das letzte Mal ...* habe ich gegen diese Ohnmacht die Organspende als philosophische (!) Möglichkeit zur Unsterblichkeit angeführt. Die Idee dahinter ist folgende: Wenn ich mein Organ post mortem spende, lebt ein Teil von mir im Organempfänger weiter. Ist auch dieser ein Spender, existiere ich auch im übernächsten weiter usf., da mein Organ mit dem jeweiligen Spenderorgan zusammengearbeitet hat. Wären alle Menschen Organspender, wären wir auf geheimnisvolle Weise zutiefst miteinander verbunden. Gerade in manchen esoterischen Kreisen hat meine Vorstellung zu Entrüstung geführt, obwohl alle Glaubensrichtungen der Welt die Organspende als höchsten Akt der Nächstenliebe begrüßen. Hier aber wurden Verschwörungstheorien vorgebracht (»Organhandelmaffia«) und Vorstellungen, dass man bei lebendigem Leibe ausgeschlachtet würde und anderes mehr. Es war für mich erstaunlich zu sehen, wie wenig selbst aufgeklärte Zeitgenossen über das Thema Bescheid wussten. Sinnvoll ist es daher, sich einmal mit einem Transplantationsmediziner zu unterhalten und sich mit dem »Gesetz über die Spende, Entnahme und Übertragung von Organen und Geweben (Transplantationsgesetz – TPG)« zu beschäftigen. Zusätzlich sollte man sich überlegen, wie man sich beispielsweise als vierzigjähriger Familienvater oder fünfunddreißigjährige Mutter mit drei Kindern verhalten würde, wenn einem der Arzt eröffnete, dass man nur durch eine Organtransplantation gerettet werden könnte, ansonsten wären die Kinder bald Waisen. Das Gleiche kann man sich vorstellen, wenn der Arzt sagen würde, das kranke Kind könne nur durch eine Organtransplantation am Leben gehalten werden. Würde man es dann sterben lassen, nur weil man gegen eine Transplantation ist? Würde man im vorhergegangenen Fall lieber sterben und seine Familie trauernd zurücklassen, nur weil man im Internet gelesen hat, man würde im Jenseits unter der Organspende leiden? Ich kenne einen Mann, der seit fünfzehn Jahren mit einem neuen Herzen lebt. Selten habe ich jemanden erlebt, der das Leben so positiv sieht wie er. Und liest man die Berichte von denen, die durch ein Fremdorgan ein neues Leben geschenkt bekamen (wie zum Beispiel der Sänger Roland Kaiser), dann dürfte man das Thema Organspende mit anderen Augen (nicht wörtlich gemeint!) sehen ...

- **Für unsere Übung aber gilt:** Wenn Sie wissen wollen, was aus Ihnen nach dem Tod werden wird, holen Sie sich in der Apotheke einen Organspende-Ausweis. Freuen Sie sich, dass Sie vielleicht irgendwann einem Menschen das Leben retten werden und dann »irgendwie« weiterleben, zumindest körperlich. Ihr Geist, Ihre Seele, kommt ohnedies ins Paradies, Nirwana oder wohin auch immer, wenn man voraussetzt, dass diese Vorstellungen eines Lebens nach dem Leben keine bloßen Erfindungen der Religionen sind, um den Menschen das beschwerliche irdische Dasein zu erleichtern.

11

Die Kunst der Selbsttranszendenz

Wie wir mehr werden, als wir sind

Dieses Kapitel möchte ich mit einer mich immer wieder berührenden Episode beginnen. Es geht in ihr um das Größte, was ein Mensch vielleicht vollbringen kann, und es ist die Geschichte der *Corrie ten Boom,* die 1892 in Amsterdam geboren wurde und 1983 im kalifornischen Placentia starb. In Basel hatte sie den Beruf der Uhrmacherin erlernt. Später war sie die erste Frau in Holland, der ein Uhrmacher-Diplom überreicht wurde. Die gesamte jüdische Familie ten Boom bekannte sich zum christlichen Glauben und lebte diesen auch in seiner praktischen Anwendung, zum Beispiel den der Nächstenliebe. Als die Nationalsozialisten 1940 Holland besetzten, versteckte Corrie ten Boom mehrere jüdische Familien in ihrem Haus. Hierüber berichtet auch der Film *The Hiding Place*, der auf Corries Autobiografie *Die Zuflucht* beruht. 1944 wurde ihre Familie denunziert und verhaftet. Corrie und ihre Schwester Betsie wurden in das Konzentrationslager Ravensbrück in Brandenburg deportiert. Die dortigen Grausamkeiten überstand Betsie nicht, und Corrie musste den langsamen, qualvollen Tod ihrer Schwester miterleben.

Nachdem das Konzentrationslager 1945 von der Roten Armee befreit worden war, gründete Corrie ten Boom verschiedene Rehabilitationszentren für die Opfer der nationalsozialistischen Gewaltherrschaft, welche die Versöhnung

Die Kunst der Selbsttranszendenz – 11

mit den Tätern zum Ziel hatten. In über sechzig Ländern gab es später diese Institution, in der das Thema der Vergebung oberste Priorität hatte. Als sie 1947 in einer Münchner Kirche einen Vortrag darüber hielt, kam im Anschluss ein Mann auf sie zu, den sie als einen der grausamen Wächter aus dem Lager Ravensbrück identifizierte. Er selbst schien sich an sie nicht zu erinnern. Er streckte seine Hand aus und beglückwünschte sie zu ihrer Botschaft der Vergebung, in der die Rede davon war, dass durch das Verzeihen unsere Sünden an die tiefste Stelle des Meeres geworfen würden. Er sagte, dass er Aufseher in Ravensbrück gewesen sei, aber dass er seit damals Christ geworden wäre und wisse, dass Gott ihm seine Gräueltaten vergeben habe. Er wolle dies aber auch von ihr hören: »Können Sie mir vergeben?« In diesem Augenblick hatte Corrie ten Boom immer wieder die Schreckensbilder aus dem Lager, vom Wärter mit der Lederpeitsche und von ihrer gequälten, sterbenden Schwester vor Augen. Doch sie wusste, dass sie nun zum Handeln aufgerufen war.

In ihrer Autobiografie *Die Zuflucht* schildert Corrie ten Boom, der das Blut in den Adern gerann, als sie ihrem Peiniger gegenüberstand, was dann geschah, als sie nach sehr langem Zögern ihre Hand in die seine legte: »*Ein Strom floss von meiner Schulter aus durch meinen Arm bis hin in unsere vereinten Hände. Diese heilsame Wärme schien völlig durch mich zu strömen und trieb mir die Tränen in die Augen. ›Ich vergebe Dir, Bruder‹, weinte ich, ›von ganzem Herzen.‹ Für einige Augenblicke hielten wir uns ganz fest: der ehemalige Aufseher und die ehemalige Gefangene. Niemals zuvor hatte ich Gottes Liebe so stark wie in diesem Moment verspürt.*«

Wenn ich von Selbsttranszendenz spreche, dann meine ich genau das, was hier geschehen ist: Corrie ten Boom wurde

7:30 Die Minute Ihres Lebens

in dem Augenblick, in dem sie ihrem ehemaligen Unterdrücker verzieh, mehr als sie selbst. Sie wuchs über sich hinaus, überstieg sich, überschritt ihre physischen und psychischen Grenzen. Solches gelingt oft in Verbindung mit religiöser Erfahrung (»*Der Glaube versetzt Berge*«), aber auch innerhalb der Liebeserfahrung, die ja in gewissem Sinne ebenfalls religiöse Züge trägt (zum Beispiel indem wir »jemanden an-himmeln« oder »jemanden ver-göttern«). In der Liebe erfahren wir, wie wir durch den anderen mehr werden, als wir sind.

Der Dichter Rainer Maria Rilke hat diesen Selbstüberstieg in einem seiner Werke mit einem Pfeil verglichen, der im Absprung vom Bogen so gesammelt ist, dass er schon mehr ist als er selbst. Er ist in seinem Pfeil-Sein über sich selbst hinausgewachsen. Beim Menschen ist die Erfahrung der Möglichkeit, über sich hinauszuwachsen, eng mit der Erfahrung der Freiheit verbunden, schon allein durch die Möglichkeit, dass wir tatsächlich mehr zu sein vermögen, als wir sind. Und genau dann, wenn wir aus uns herausgehen, entdecken wir schließlich das, was uns ausmacht: unseren Ur-Grund, weshalb Selbsttranszendenz, egal, wo sie eintritt, letztlich eben doch ein religiöses Erlebnis bleibt. Wir sind mehr, als wir zu meinen glauben, wir können mehr, als man uns oder wir uns selbst zutrauen, wir haben gänzlich andere Erfahrungen als die, die wir machen wollten. Diese letztgenannten nennt die Philosophie *transzendentale Erfahrungen,* und sie können uns immer und überall begegnen. Der Theologe Karl Rahner hat in seinem Werk *Erfahrung der Freiheit* solche Orte beschrieben:

Da ist einer, dem geschieht, dass er verzeihen kann, obwohl er keinen Lohn dafür erhält und man das schweigende

Verzeihen von der anderen Seite als selbstverständlich annimmt ...
Da ist einer, der verzichtet, ohne Dank, Anerkennung, selbst ohne ein Gefühl innerer Befriedigung ...
Das ist einer, der restlos einsam ist, dem alle farbigen Konturen seines Lebens verblassen, für den alle verlässlichen Greifbarkeiten zurückweichen in unendliche Fernen, der aber dieser Einsamkeit, die wie der letzte Augenblick vor dem Ertrinken erfahren wird, nicht davonläuft, sondern sie in einer letzten Hoffnung gelassen aushält ...«

Die Gattin eines leider schon lange verstorbenen berühmten Schauspielers erzählte mir, dass sie nach dem Tod ihres Mannes sich ein schönes Leben hätte machen und in der Weltgeschichte herumreisen können. Aber es kam anders. Ihr Augenlicht schwand, was auf eine missglückte Zahnoperation zurückzuführen war. Doch anstatt mit ihrem Schicksal zu hadern, begann sie, sich intensiv mit Psychologie zu beschäftigen. Da sie aber immer weniger sah, tat sie dies mit Hörbüchern. Mittlerweile ist sie dreiundneunzig Jahr alt und gänzlich erblindet, aber mehr denn je von der menschlichen Psyche fasziniert. Und sie ist, wie sie sagt, ihrer Erblindung dankbar, denn ohne diese wäre sie nie so weit gekommen, sich den Geheimnissen der Seele derart leidenschaftlich zu widmen. Ohne Zweifel ist sie über sich hinausgewachsen, ist mehr geworden, als sie es selbst je gedacht hätte.

Das Überwinden unserer Grenzen muss nun nicht unbedingt in Mutproben ausarten, vielmehr gilt es, die inneren Mauern niederzureißen. Sind sie erst einmal gefallen, wird man erstaunt feststellen, was in dieser Welt an Wundern existiert. Beinahe hätte man diese versäumt, wäre man nicht zum Selbstüberstieg bereit gewesen.

7:30 Die Minute Ihres Lebens

Es gibt sogar einen konkreten Moment, in dem man einen bevorzugten Ort der transzendentalen Erfahrung kennenlernen kann – was ein jeder von uns schon einmal oder mehrere Male getan hat. Dann nämlich, wenn man krank war und ab einem ganz bestimmten Moment merkt, dass man wieder gesund wird. Ist zum Beispiel eine Erkältung abgeklungen und man wieder »auf dem Damm«, merkt man plötzlich, was es alles zu riechen gibt und welchen Duft etwa die frische Morgenluft hat. Im »normalen« Alltagsleben machen wir eine solche Erfahrung nicht. In der Liebe tritt dieses Phänomen natürlich ebenfalls auf, wenn wir beispielsweise mit einem Mal zu dichten beginnen oder uns liebend derart selbst entäußern, dass dieser Vorgang schon wieder mit kritischen Augen zu betrachten ist, weil er oft nur auf *hormonellem Irresein* beruht. Aber sogar dann ist es faszinierend zu sehen, wozu man fähig ist und weshalb es heißt: »*Liebe macht blind*«. Würde man es nicht als sehr beglückend empfinden, wenn gerade das hormonelle Entrücktsein der Normalzustand wäre und nicht derjenige, in dem wir jeden Morgen zu Arbeit fahren? Wem es allerdings in der Liebe gelingt, sich in einem nicht hormonellen bedingten Akt zu übersteigen, den macht die Liebe nicht blind, sondern sehend.

Für die *Zeit, die uns bleibt* und somit auch für *Die Minute meines Lebens* bedeutet dies, dass wir von uns selbst überrascht sein werden, wenn uns etwas gelingt, das auf Selbsttranszendenz verweist. Das muss nichts Großes, Weltbewegendes sein. Es genügt schon, wenn eine Mutter ihr Kind glücklich machen kann, obwohl es ihr im Augenblick selbst schlecht geht. In ihrem Selbstüberstieg und der Reaktion ihres Kindes erkennt sie, dass da etwas ist, von dessen Existenz sie bislang nichts geahnt hatte. Sie spürt mit einem Mal die Kraft des Lebens und begreift: *Ich bin nicht so, wie viele*

Menschen mich sehen. Ich bin viel mehr und zu positiven Handlungen fähig, die man von mir nicht erwartet hätte. Ich bin auch viel stärker, als ich es selbst gedacht habe, und weiß nun, dass eine Kraft in mir schlummert, die ich jederzeit aktivieren kann, wann immer ich eine schwierige Situation meistern muss.

Die Hingabe an ihr Kind ist die wahre Selbsttranszendenz der Mutter. Hier wird sie »mehr«, als sie zu meinen glaubt. Diesem Phänomen begegnen wir auch bei sozialem Engagement, dem Einsatz für eine gute Sache, die anderen dient, oder eben in der Liebe; also immer dort, wo man in etwas Größerem aufgeht. Aus diesem entsteht Sinnerfüllung und Selbstver-*wir*-klichung, wobei Letztere schon durch das im Wort enthaltene »wir« darauf verweist, dass das *Ich* nur durch das *Du,* also im *Wir,* zu sich selbst findet. Sein Glück und sein Lebenssinn können sich nicht in der Bezogenheit auf sich allein entfalten, sondern nur in der Gemeinschaft. Der Mensch als *Herdentier* kann sozusagen gar nicht anders, als im Miteinander glücklich zu werden. Das Spiegeln des Inneren durch einen Außenstehenden ist offenbar etwas, das zumindest denjenigen Spezies, die zur Gruppe der Primaten gehören, zu eigen ist. Auch ein Kind kann nicht nur durch eine Person gezeugt werden, bekanntlich gehören zwei dazu. Gerade in der Elternschaft erfährt man die Selbsttranszendenz, denn Mann und Frau werden auch hier mehr, als sie zuvor waren. Diese Ent-wicklung, die letztlich zur Ent-faltung des vollen Menschseins führt, kann man unter *Glück* verstehen. Dies ist nicht im egoistischen Sinne gemeint, sondern auf das Ganze bezogen, weil die Vereinzelung hier ihre Grenze findet und sich in das Miteinanderverbundensein hineinsehnt. So betrachtet, ist auch der Geschlechtsakt nichts anderes als eine Form dieser ursprünglichen Suche nach Ganzheit und Heilsein, nach dem

7:30 Die Minute Ihres Lebens

also, was wir durch unseren jähen Eintritt in die Welt verloren haben – und im Tode vielleicht wiederfinden, weshalb der Orgasmus zum Beispiel im Französischen als *petit mors* (»kleiner Tod«) bezeichnet wird. Auch und gerade bei der sexuellen Vereinigung können wir die Selbsttranszendenz erleben, weil wir durch das Sein beim und im anderen die Einheit, die wir noch aus dem Mutterleib kennen, wieder erleben können. Hinzu kommt das Ablegen aller Hindernisse und Grenzen, sodass man gerade im nackten Zustand seine Ursprünglichkeit wieder erfahren kann.

Es mag sein, dass mancher diese Gedanken gerade zum Thema Sexualität als etwas abwegig, abgehoben oder idealistisch empfindet, wo er doch meint, Sex diene, wenn er nicht zum Zwecke der Fortpflanzung geschieht, allein der Triebbefriedigung. Doch so einfach ist es eben nicht. Im Gegenteil: Psychologische Studien haben herausgefunden, dass die reine Triebbefriedigung eben nicht glücklich macht, sondern im Gegenteil eher traurig *(omne animal post coitum triste)*, und dass das erfüllende Moment der sexuellen Vereinigung die geistige-seelische-körperliche Verschmelzung mit dem Partner ist, die über alle Unterschiede hinweg das Erlebnis der ursprünglichen Einheit nachvollzieht, weil man sich in ihr selbst transzendiert, was in diesem Zusammenhang nun auch durchaus religiös verstanden werden darf.

Das altindische *Tantra* ist nicht umsonst darauf ausgelegt, eine Liebesschule im universellen Sinne zu sein, der es gelingt, Geist, Psyche und Körper wieder zu vereinen. Hier kann man auch erfahren, dass Glück ein natürlicher Zustand ist und nicht einer, den wir nur ab und zu erleben. Das liegt unter anderem daran, dass uns die Berufswelt daran hindert, ihn als dauerhaft anzusehen, und uns gleichzeitig die Religionen eingetrichtert haben, dass die Erde ein Jammertal sei und die wahre Erlösung erst nach unserem Tod eintrete. Um irgendwann erlöst zu werden, müsse man aber möglichst auf lustvolle Aktivitäten wie beispielsweise Sex verzichten, und ein gottgefälliges Leben führen. Ob Gott tatsächlich daran seine Freude hat, dürfen wir bezweifeln, denn schließlich wurden wir ja angeblich nach seinem Ebenbild erschaffen ...

Wir sehen, wie perfide wir seit Jahrtausenden von unserer Erfüllung abgehalten werden, nur damit Herrscher, egal welcher Couleur, ihre Macht über uns ausüben können. Die geschieht am besten, wenn man die Sexualität eines Volkes kontrolliert. Die weltweite *sexuelle Revolution* der späten 1960er-Jahre war ein Versuch, dieses Machtverhältnis zu brechen, was freilich nicht wirklich gelang, da Aids dieses Vorhaben später zunichtemachte. Anstatt zu lieben, wie wir es möchten, sind wir dabei, unsere Selbsttranszendenz den Dingen zu opfern, die uns scheinbar glücklicher machen: *Mein Haus, mein Auto, mein Boot* – mit diesem Werbespot gelang es der Sparkasse, einem Millionenpublikum zu suggerieren, Materielles sei wichtiger als Geistiges. Hinterfragt man zudem die Werbebotschaft, erkennt man, dass in diesen drei angebotenen Alternativen sich durchaus der alte Männerwunsch ablesen lässt, eine Frau mit materieller Sicherheit ködern zu können. Insofern hatte der Spot der Sparkasse seine Wirkung nicht verfehlt, doch war er hinsichtlich der Emanzipation eher ein herber Rückschlag, unterstellt er doch, dass Frauen es lieben, sich kaufen zu lassen.

Um zur eingangs erzählten Geschichte zurückzukehren: Der Selbstüberstieg der Corrie ten Boom ist deshalb so ergreifend (mir kamen die Tränen, als ich ihre Autobiografie zum ersten Mal las), weil kaum einer von uns zu einer solch großen Geste in der Lage wäre. Sie erinnert an den Kniefall von Willy Brandt am Ehrenmal für die Helden des War-

7:30 Die Minute Ihres Lebens

schauer Ghettos oder an den Gefängnisbesuch von Papst Johannes Paul II. bei dem Mann, der ihn bei einem Attentat fast getötet hätte. Auch ihm hatte der Papst vergeben. Der Unterschied zu Corrie ten Boom ist, dass man von Staatsmännern solche Gesten eigentlich erwartet, weil man meint, dass sie »von Haus aus« dazu verpflichtet sind. Aber Corrie ten Boom war eine ganz normale Frau, die die politischen Umstände dazu gebracht hatten, ihr Versöhnungswerk am Einzelnen zu verwirklichen. Gertrud von le Fort, eine christliche Schriftstellerin, sagte einmal zu dieser Form der Nächstenliebe: »*In der Verzeihung des Unverzeihlichen ist der Mensch der göttlichen Liebe am nächsten.*«

Verzeihen und Nächstenliebe sind Werte, die uns innerlich größer und kostbarer machen, wenn wir sie leben. Wir erlangen einen Zustand, der sich völlig von unserer Alltagswelt unterscheidet. In ihm ist der Egoismus überwunden – das Du ist wichtiger als das Ich geworden. Nehmen wir nun aber einmal an, dass dies der Normalzustand wäre und nicht derjenige, der uns heute, morgen und übermorgen umgibt, bedrängt und uns Zwänge auferlegt – wie anders würden wir dann leben, wie anders sähe die Welt aus?

Selbstüberstieg führt somit auch immer zu einem Mehr an Welt, zu einem Gewinn an Dasein, zu einer Entfaltung der Möglichkeiten, von denen man zuvor gar nicht wusste, dass sie existierten. Wir finden dort jene Freiheit, die wir schmerzlich vermissen, da uns das »normale Leben« einengt und mit seinen Forderungen quält, anstatt zur unvorstellbaren Fülle des Seins durchzubrechen, die nur darauf wartet, von uns entdeckt und verwirklicht zu werden. Hier finden wir uns selbst, werden wir zu denen, die wir von unserem Ursprung her sind. So sonderbar es klingt: Erst durch den Selbstüberstieg werden wir so, wie es uns eigentlich gemäß ist.

INSPIRATION 11

Selbsttranszendenz ist die Befähigung, mehr zu werden, als man scheinbar ist. Dadurch lassen sich viele Möglichkeiten der Selbstverwirklichung finden, von deren Existenz man zuvor nichts ahnte. An den bevorzugten Orten dieser Erfahrung können wir spüren, dass aus den Möglichkeiten auch Wirklichkeiten werden können. Wir müssen es nur wollen und uns die Voraussetzungen dafür schaffen, falls sie nicht schon gegeben sind. Auf jeden Fall können wir unser Lebensziel, wenn wir es definiert haben, erreichen und müssen uns nicht verbiegen. Im Gegenteil: Wir können andere motivieren, es ebenso zu tun, da unsere Begeisterung ansteckend ist.

Jemandem etwas zu verzeihen, das er uns angetan hat, kostet uns vermutlich die größte Überwindung. Der Schritt dazu ist sicherlich so schwer wie der erste Sprung mit einem Bungeeseil oder einem Fallschirm, bei dem Sie nicht wissen, ob Sie dieses Abenteuer lebend überstehen werden. Doch gerade im Ergreifen dieser Unsicherheit lernen Sie sich selbst, Ihre Fähigkeiten und Ihre Möglichkeiten am besten kennen, und Sie können anschließend Veränderungen jeder Art gelassen und bestimmt gegenübertreten. Sie haben sich nicht nur selbst überstiegen, sondern sind endlich der geworden, der Sie sind.

Gehen Sie am nächsten Morgen für 60 Sekunden in sich, und konzentrieren Sie sich ganz auf *Die Minute meines Lebens*, die nun folgt:

7:30 Die Minute Ihres Lebens

> **DIE MINUTE MEINES LEBENS**
>
> Ich bin der Mensch,
> der ich bin,
> aber auch der,
> der ich sein kann.
> Ich habe unendlich
> viele Möglichkeiten,
> mein Leben
> erfüllend zu gestalten.

ÜBUNG

- Gehen Sie auf einen Menschen zu, der Sie zutiefst verletzt hat, und fragen Sie ihn, weshalb er dies getan hat. Versuchen Sie herauszufinden, ob auch er von jemandem verletzt wurde. Öffnen Sie sich für die Geschichte Ihres Gegenübers, und hören Sie mit dem Herzen zu. Sie werden merken, dass es möglich ist, Ihr Ego zu überwinden und die Verletzungen, die Ihnen zugefügt wurden, zu heilen. Natürlich kostet dies enorme Selbstüberwindung, doch Sie sind beim Verzeihen nicht ohne Fangnetz. Dieses sichert Sie schon deshalb, weil Sie den Mut haben, auf den anderen einzugehen.

- Haben Sie dann verziehen, werden Sie sich auf eine Weise befreit fühlen, die Sie bis dahin noch nicht kannten.

12

Die Zeit, die uns zum Leben bleibt II

Love, freedom & peace

Wer seine Jugendjahre in den 1970-Jahren erleben durfte, dem leuchtet der Zusammenhang zwischen Liebe, Freiheit und Frieden unmittelbar ein. Vermutlich hat er oder sie durch die Hippie-Bewegung, die sexuelle Revolution sowie die Frauen- und Friedensbewegung genügend Rüstzeug mitbekommen, um die Einmaligkeit der Verbindung von Liebe, Freiheit und Frieden zu verstehen. Jene drei Worte haben interessanterweise dieselbe indogermanische Wurzel, nämlich die Silbe »fri«. Daraus leiten sich ab: der Frieden, der Freie (im Sinne von jemandem, der frei für einen anderen ist) und der Liebende (der ja wiederum ein Freier ist). Nicht nur im etymologischen, sondern auch im psychologischen Bereich ist die Verbindung evident. Denn Liebe setzt Freiheit ebenso voraus wie Frieden, und wer liebt, ist im Frieden mit sich, dem Partner und der Welt. Daraus leitet sich meine Formel ab, die ich gerne auf meinem Grabstein gemeißelt hätte:

FREIHEIT IST FRIEDEN ALS LIEBE

Mit »als« meine ich hier »in der Gestalt von«. Alle drei Begriffe wiederum sind für mich so wichtig, dass ich meine Zeit, die mir zum Leben bleibt, dafür einsetzen möchte. Was kann es auch Schöneres geben als Freiheit, Frieden und Liebe?

7:30 Die Minute Ihres Lebens

Freiheit ist nicht nur die Abwesenheit von Zwang und Unterdrückung, sondern sie lässt uns ohne Beschränkung am Leben teilhaben. Wir dürfen es so leben, wie es uns gefällt. Hiermit ist aber nicht Willkür gemeint, also ein Freisein ohne jede Grenzen, sondern bewusste Entscheidungen *für* etwas. Die Beliebigkeit ist keine Freiheit, denn sie wabert herum, ohne sich jemals festlegen zu müssen. Freiheit bedeutet aber, sich zu entscheiden. Wenn ich mich zu etwas entschließe, muss ich mich gleichzeitig gegen etwas aussprechen. Im Bereich der *Liebe* ist es daher sehr schwer, zwei Menschen gleichzeitig zu lieben, da die Liebe zwar frei ist, ihr aber gleichzeitig ein gewisser Besitzanspruch innewohnt. Bei zwei *wirklich* Liebenden sollte dies übrigens gar kein Thema sein.

Freiheit ist also mehr als das Fehlen von Beschränkungen. Sie stellt eine Verpflichtung dar, die man freiwillig einhält; denn gerade in der Befürwortung dieser Aufgabe zeige ich, dass ich frei bin, alles andere sein zu lassen, um mich ganz dieser Bestimmung zu widmen.

Im Roman *Die unendliche Geschichte* von Michael Ende bekommt Bastian Balthasar Bux, der jugendliche Held, von der Kindlichen Kaiserin ein Amulett geschenkt, auf dessen Rückseite die Worte »*Tu, was du willst*« stehen. Natürlich interpretiert er diese Aufforderung falsch, weil er meint, er dürfe nun nach Belieben agieren, was ihn in immer größere Bedrängnis bringt, bis er schließlich begreift, dass diese Botschaft nichts anderes heißt als: *Tu, was deine Aufgabe ist, wozu es dich innerlich drängt. Finde deine Berufung. Höre mit dem Herzen. Sieh mit dem Verstand! Fühle mit dem Geist!*

Freiheit findet man also, wenn man dem Ruf des Herzens folgt und dort ankommt, wo man gebraucht wird. Das Gleiche gilt für die *Liebe*, welche die immerwährende Präsenz der Freiheit verkörpert. Sie ist die höchste Form menschlicher Selbstauszeugung und menschlicher Selbstüberbietung, die geheimnisvolle Kraft, die Bejahung des Lebens schlechthin. Daher muss die Aufgabe des Menschen heißen: sich einander zur Liebe zu ermächtigen. Im Liebesvollzug (und gerade im körperlichen) tritt die ursprüngliche Einheit des Universums, der *Frieden,* wieder ein. Leere und Fülle sind dann identisch, Armut und Reichtum werden nicht mehr unterschieden (der Gott *Eros* ist in der griechischen Mythologie ein Kind von Armut und Reichtum). Die Suche nach Liebe, die die Dynamik menschlichen Lebens ausmacht, findet in der Vereinigung zweier Menschen ihre Be-*fried*-igung. Erst im Miteinander, erst im Füreinander entfaltet sich wirkliches Menschsein. Gleichzeitig ist diese Vereinigung eine Wiedergewinnung, nämlich die der verlorenen Vollkommenheit, die im Glück als Erfahrung der Ganzheit erlebt wird. In der Ek-stasis, im Außer-sich-Sein (also im Bei-anderen-Sein), werden die verschmelzenden Liebenden eins mit dem Absoluten.

Dies ist sicher nicht der einzige Weg einer Gotteserfahrung wie der Erfahrung von unbedingter, absoluter Freiheit, sondern ein möglicher, den immer wiederzuentdecken jedoch nötig wäre.

In der Erfahrung der ursprünglichen
Einheit erleben die Liebenden nicht
nur *Frieden,* sondern eben auch
Freiheit und *Vollkommenheit.*
Sie sind mehr als nur zwei Wesen,
die sich paaren, sondern finden zu
einem größeren Ganzen zusammen.
In einem Gedicht habe ich dies
einmal so ausgedrückt:

7:30 Die Minute Ihres Lebens

Sie waren zwei. Sie suchten sich.
Und drangen ineinander ein.
Da starb das Du. Da starb das Ich.
Da schwand das Dein und schwand das Mein.
Und jeder suchte nicht mehr Seins.
Sie waren zwei. Sie wurden eins.

Wenn wir uns bewusst machen, dass wir in der Spannung von *Bedenke, dass du sterblich bist und Nutze den Tag* leben, so kann es nichts Höheres und Besseres geben als zu lieben, egal in welcher Form. Denn in diesem Selbstüberstieg erfahren wir eben nicht nur Ganzheit, sondern auch Eigenständigkeit und Versöhnung sowie Heilsein beziehungsweise -werden. Mit einem Mal sind wir mehr, als wir zu sein meinten, und treten in die übernatürlichen Bezirke des Göttlichen ein, die wie die Radiowellen, welche uns ständig umgeben, immer schon da sind. Wir können sie aber nur dann wahrnehmen, wenn wir unser Gerät auf Empfang stellen.

Leider wird die Verbindung von Freiheit, Frieden und Liebe vor allem im Krieg, aber auch im alltäglichen Zwist unter Menschen stets infrage gestellt. *»Die Hölle – das sind die anderen«*, meinte der Philosoph Jean-Paul Sartre. Dieser Satz behält vor allem bei Auseinandersetzungen gleich welcher Art so lange seine Berechtigung, bis wir in der Lage sind, über uns hinauszuwachsen, und uns nicht länger von unserem Egoismus lenken lassen. Wir sollten uns deshalb immer wieder an die Kürze des Daseins erinnern, um wirklich zu verstehen, wie wertvoll Freiheit, Frieden und Liebe sind. Vermutlich sind sie das Teuerste und Edelste, was wir Menschen besitzen.

Im Miteinander und Füreinander entfaltet sich wirkliches Menschsein. Gleichzeitig ist die Einheit von Freiheit, Frieden und Liebe die Wiedergewinnung der verlorenen Vollkommenheit, die im Glück, in der Erfahrung der Ganzheit, erlebt wird. Und genau das ist es doch, was wir in der Zeitspanne zwischen Geburt und Tod (wieder)entdecken wollen.

INSPIRATION 12

In der Trias Freiheit – Frieden – Liebe überschreiten wir uns immer wieder selbst, denn unsere Umwelt wird uns meist daran hindern wollen, diese drei menschlichen Urbedürfnisse leben zu wollen. Haben wir es trotzdem geschafft und das mögliche Scheitern überwunden, sind wir glücklich und stecken damit andere an, die dadurch befähigt werden, unserem Beispiel zu folgen. Wir erkennen, dass alles möglich ist, sofern wir nur daran glauben. Dieser Glauben gibt uns Halt, um das zu realisieren, was wir uns vorgenommen haben (egal, ob auf materiellem oder immateriellem Gebiet). Wir haben somit an Haltung gewonnen und können dadurch vieles bewegen, was zuvor nicht möglich war.

Alle Dinge, auch wenn sie gegenwärtig negativ zu sein scheinen, wandeln sich eines Tages zum Besseren. Wichtig ist dabei, dass Sie nie aufgeben, an sich und an die, die mit Ihnen sind, zu glauben. Wenn Sie hier Standhaftigkeit und Vertrauen zeigen, dann kommt Ihnen das Gute auf allen Gebieten des Lebens von selbst entgegen. Sie ziehen es an, da Sie sich nicht mehr in sich verkriechen, sondern sich für andere Gedanken, Handlungen und Emotionen öffnen. Sie haben Ihre Grenzen überwunden und kommen gerade deshalb bei sich an.

Gehen Sie am nächsten Morgen für 60 Sekunden in sich, und konzentrieren Sie sich ganz auf *Die Minute meines Lebens*, die nun folgt:

7:30 Die Minute Ihres Lebens

> ## DIE MINUTE
> ## MEINES LEBENS
>
> Ich (er)finde mich neu und
> trete aus mir heraus.
> Ich bin frei für mich,
> ich erfahre Frieden,
> ich lebe Liebe.

ÜBUNG

- Versuchen Sie, mein Motto »*Freiheit ist Frieden als Liebe*« zu leben. Wie soll das gehen, werden Sie nun fragen.

Es ist ganz einfach: Gehen Sie eine Stunde lang durch das Zentrum der Stadt, in der Sie leben. Versuchen Sie, einmal in der Minute einem Menschen, der Ihnen begegnet, ein von Herzen kommendes Lächeln zu schenken, ohne etwas dafür zu erwarten. Sie werden also etwa sechzig Mal lächeln. Dass dies nicht ohne Erwiderung bleiben kann, versteht sich eigentlich von selbst. Seien Sie gespannt, was daraufhin geschieht, wer mit Ihnen ins Gespräch kommen will, was Ihnen an Interessantem passieren wird, da Sie nun ohne Probleme auf andere zugehen können. Sie werden bald merken, wie sich das *Prinzip von Ursache und Wirkung* an Ihnen selbst auswirkt. Schreiben Sie am Abend Ihre Erlebnisse auf.

13
Als ob es kein Morgen gäbe

Von der Kunst des Seins im Jetzt

Wir haben es uns angewöhnt, so zu leben, dass wir stets an das Morgen denken. Was wird sein? Kann ich meine Miete noch bezahlen? Wird mich mein Partner noch lieben? Werde ich genügend zu essen haben? Kann ich in meinem Beruf Karriere machen? Diese Fragen beschäftigen uns ständig, und nur allzu oft quälen wir uns nachts mit möglichen Antworten. Gewiss ist der Blick in die Zukunft wichtig und auch sinnvoll, und wir benötigen auch immer einen Plan, unser Dasein so zu gestalten, dass wir vor bösen Überraschungen gefeit sind. Aber genau darin liegt das Problem: Wir sind so organisiert, dass wir für das wirklich Wesentliche auf unserem Lebensweg gar keine Augen mehr haben. Viele sind ausschließlich auf die Karriere und/oder die Familie fokussiert – und spätestens dann zutiefst verunsichert und schockiert, wenn etwas in diesem Lebensplan schiefläuft.

Es stellt sich hier die Frage, ob wir ein Schicksal haben, das wir nicht beeinflussen können, oder ob wir in der Lage sind, unser Leben selbst zu gestalten. Sind wir determiniert oder verfügen wir über einen freien Willen, nach dem wir das eine tun und das andere lassen können? Die spirituelle Lehrerin Penny McLean hat einmal in einem Gespräch mit mir eine schöne Antwort auf dieses Problem gegeben. »*Stell dir Folgendes vor*«, sagte sie. »*Du sitzt in einem Zug, der von A*

7:30 Die Minute Ihres Lebens

nach B fährt. Der Wegverlauf entzieht sich deinem Willen, du hast aber das Ziel ausgewählt, denn du wolltest ja gerade dorthin fahren. Der Zug als Hardware ist also vorgegeben, und du kannst unmöglich Waggons abkoppeln oder welche hinzufügen, genauso wenig wie du die Lokomotive steuern kannst. All dies ist gesetzt. Aber was du im Zug machst, ob du in den Speisewagen gehst oder am Gang herumstehst, ob du einen Großraumwagen aufsuchst oder dich in ein Abteil zurückziehst, ob du dort einen Apfel isst oder eine Zeitung liest – das ist deine eigene Entscheidung, die niemand beeinflussen kann, nur du selbst.«

Vergleichen wir den Zug mit unserer Lebensreise, so verhält es sich ganz ähnlich. Wir wurden geboren und können daran nichts ändern (es sei denn, wir *nehmen* uns das Leben, was hoffentlich nicht geschehen wird). Unser Leben aber hat ein Ziel, einen Bahnhof, in den es einfahren wird. Was wir während unserer Reise unternehmen, wie oft wir umsteigen, wen wir treffen, mit wem wir uns unterhalten, was wir essen und so weiter – all das ist unsere ureigenste Entscheidung, die freilich wieder auf Voraussetzungen beruht, nämlich darauf, was wir von unseren Eltern an Potenzialen mitbekommen und was wir selbst erworben haben.

Wenn wir in diesem Zug durch die Zeit reisen, beginnt unsere Fahrt in der Gegenwart und endet in der Gegenwart. Und die Zeit, die wir dazwischen verbringen, ist ebenfalls reine Gegenwart, die wir *Jetzt* nennen. Gibt es also keine Vergangenheit und keine Zukunft, da wir uns offenbar ständig in der Gegenwart befinden, sondern nur eine Aneinanderreihung von konkreten Momenten? So scheint es zumindest. Nach dieser Vorstellung wäre dann das Vergangene genauso wie das Zukünftige nichts anderes als eine Rückerinnerung oder ein Vorwärtsblicken innerhalb des Jetzt und hätte, da

Als ob es kein Morgen gäbe – 13

es entweder nicht mehr oder noch nicht ist, keinerlei Bedeutung. Auf den Tod bezogen sagte der griechische Philosoph Epikur, dass wir uns keine Sorgen machen sollten, denn wenn er nicht ist, sind wir, und wenn er ist, sind wir nicht.

Haben wir uns wegen vergangener Vorkommnisse Sorgen gemacht oder sogar Angst gehabt? Ja? Warum machen oder haben wir diese nun nicht mehr? Und: Wenn Sorgen und Angst verschwunden sind, weshalb quälten wir uns und andere zu jener Zeit überhaupt damit? Wir verstehen nun, dass wir unser Sein in reiner Gegenwart vollziehen, welche die Summe aller vergangenen und künftigen Ereignisse ist. Durch die Erfahrungen, die wir in jedem gegenwärtigen Moment unserer Existenz gemacht haben, beeinflussen wir unser *Jetzt,* was wiederum Auswirkungen auf unsere Gegenwart in der Zukunft haben wird, die ebenfalls aus den gemachten Erfahrungen besteht. Wenn ich an früherer Stelle in diesem Buch vom *vorausschauenden Leben* gesprochen habe, dann aus diesem Grund. Wir müssen darauf achten, welche Erfahrungen wir machen, denn diese beeinflussen uns und unseren Werdegang beim Vorwärtsschreiten auf unser Lebensziel. Sind sie positiver Natur, wird das Ergebnis ebenfalls positiv sein. Auf unserem Lebensweg werden wir damit viele Menschen inspirieren, durch deren Reaktion und Feedback sich das Positive bei uns verstärkt. Das Gleiche gilt – nur umgekehrt – für das Negative.

Die Ansicht, dass dies alles angesichts des Todes keinerlei Bedeutung habe, stimmt natürlich, doch nur dann, wenn der Tod hier und jetzt eintritt. Da wir den Zeitpunkt aber nicht wissen, sollten wir unser Dasein bis dahin so gestalten, dass es für uns und andere bejahend und aufbauend ist. Verneinung und Destruktivität hingegen würde nur zur

7:30 Die Minute Ihres Lebens

Depression führen, weshalb dem Lachen wie dem Lächeln eine so große Bedeutung zukommt.

Aus diesem Grund sollte man aufhören, sich permanent Sorgen zu machen, sondern sich lieber darauf konzentrieren, wie man das Negative wieder loswird. Leben heißt, dass alles so ist, wie es ist, dass immer etwas dazwischenkommt. Es funktioniert nicht stets nach Wunsch und Plan. Wenn wir begreifen, dass alles dem Wandel unterworfen ist und nichts zurückkehrt und wir selbst für unser Schicksal verantwortlich sind (und nicht *die anderen* oder eine höhere Instanz), können wir in den *Flow,* den die Erfahrung des Jetzt bietet, eintauchen und uns von ihm tragen lassen. Wir erkennen dann, dass in einem einzigen Augenblick reiner Gegenwart alles enthalten ist, was es gibt, gab und geben wird.

Da ich oft mit dem Flugzeug reise, habe ich diese Erfahrung schon häufig gemacht, die ich die *Relativitätstheorie der Ereignisse* nenne. Damit meine ich Folgendes: Während mich das Flugzeug mit einer gewissen Geschwindigkeit auf einer gewissen Reiseflughöhe zu meinem Ziel bringt, geschieht unter mir auf der Erde unendlich vieles, und zwar zeitgleich. Dort stirbt jemand oder ein anderer Mensch wird geboren, da umarmen sich Liebende, hier wird jemand bestohlen, da drüben springt ein Eichhörnchen von Ast zu Ast und anderes. Man kann gar keine Liste machen, denn alles, was geschieht, geschieht eben in jenem Moment, in dem ich im Flugzeug sitze und darüber nachdenke und nicht in das Geschehen auf der Erde eingreifen kann. Trotzdem ist es irgendwie mit mir verbunden, denn schließlich bin ich es, der darüber reflektiert. Und während unter mir all dies geschieht und ich selbst ein Teil davon bin, muss ich feststellen, dass der Fluss der Ereignisse, der seit dem ersten Tag meiner Erdexistenz strömt, sowohl bedeutsam als auch *ohne* jede

Bedeutung ist. Im ersten Fall ist das Geschehen für den konkreten Moment wichtig, denn sonst gäbe es kein Weiterkommen, der zweite Fall aber betont die Unwichtigkeit, da angesichts der Vergänglichkeit ohnehin nichts bleibt.

Wir bewegen uns also in einem Spannungsbogen, der vom Ja bis zum Nein reicht, von der absoluten Fülle bis zur vollkommenen Leere. Und darin müssen wir mit uns und anderen auskommen. Wie soll das klappen?

Meiner Meinung nach dürfte das kein Problem darstellen, sofern wir allem, was ist, und jedem, der ist, mit Achtung begegnen. Denn erstens ist nichts umsonst auf dieser Erde, zweitens hat jeder, der lebt, das Wunder seines Daseins als Geschenk erhalten, und drittens ist alles wichtig und zugleich auch unwichtig. Und da wir im *Jetzt* leben, ist es *wichtig*. Das Gegenteil tritt erst ein, wenn wir die Sphäre des Jetzt verlassen, um nicht mehr gegenwärtig zu sein. Dann öffnen wir auch dem Negativen das Tor, weil wir nicht mehr im Präsens, also nicht präsent sind.

Diese Präsenz wiederum erfordert unsere uneingeschränkte Aufmerksamkeit, Achtsamkeit und Konzentration auf das Wesentliche. Es ist ein geistiger Prozess, der nicht vererbt oder angeboren ist, sondern erst mühsam errungen werden muss. Mit diesem Buch möchte ich Ihnen dabei helfen, den Weg dorthin etwas abzukürzen.

Schauspieler kennen dieses Phänomen: Sie haben ihren Auftritt, stehen auf der Bühne, doch keiner im Publikum nimmt sie wahr. Was ist geschehen? Sie haben vergessen, kurz bevor sie *on stage* sind, tief einzuatmen. Deshalb kann man sie nicht sehen. Erinnern Sie sich: Wenn Sie atmen, nehmen Sie Leben in sich auf. Atmen Sie nicht, ist auch kein Leben in Ihnen. Sie sind nicht existent und können somit

7:30 Die Minute Ihres Lebens

auch nicht präsent sein. Präsenz bedeutet also, sein eigenes Sein im Jetzt zu erkennen und zu verwirklichen, indem man sich auf das Leben einlässt, auch wenn es schwierige Momente geben könnte. Präsenz heißt aber auch, furchtlos zu sein.

Der dänische Weisheitslehrer Lama Ole Nydahl drückt es sinngemäß so aus, dass Furchtlosigkeit die Grundlage aller edlen Eigenschaften sei, zu denen Freude, Liebe und Gleichmut zählen.

Da sich alle momentanen Ereignisse zur gleichen Zeit abspielen, betreffen sie mich, selbst wenn ich nicht involviert bin. Sie sind wie ich ein Teil des Lebens, in dem alles aufeinander bezogen ist und es nichts gibt, das außerhalb stünde. Dieser kleine Gedanke zeitigt große Wirkung, denn er besagt, dass ich mich vor nichts »drücken« kann, auch wenn ich es wollte, da es mich immer wieder einholen wird. Somit bin ich wie selbstverständlich ein Teil des *Heute*, ein Ausdruck des *Jetzt*, ein Kind des Augenblicks und ein Vertrauter der Gegenwart, der ich mich hingegeben habe, um eins mit ihr zu sein.

Der berühmte Satz, dass ich nicht betroffen sei, wenn in China ein Sack Reis umfalle, ist deshalb mit Sicherheit nicht richtig, da eben alles auf nicht sichtbare Weise miteinander in der Gegenwart verbunden ist und miteinander kommuniziert.

Eine Freundin, die nach einer Liebestrennung einen radikalen Lebenswandel vollzog, erzählte mir von ihrer neu gewonnenen Einsicht, durch den Verzicht auf das *Haben* zum reinen *Sein* zu gelangen, in welchem das Jetzt konkret erlebbar wird. Da sie eine neue Wohnung suchen musste, verschenkte oder entsorgte sie alles, was sich in der alten

Als ob es kein Morgen gäbe – 13

angehäuft hatte. Mit einem Mal besaß sie weder Bilder noch einen Fernseher, nur wenige Möbel, Kleider und Bücher, etwas Geschirr, keinerlei Zierrat oder Nippes. Sie umgab sich nur noch mit dem Nötigsten. Sie hätte zwar die finanziellen Mittel gehabt, sich einigermaßen schön auszustatten, aber ihre Wandlung machte sie innerlich so stark und klar, dass sie freiwillig auf alles Belastende verzichten wollte – und konnte.

»Anfangs fiel es mir natürlich sehr schwer«, erzählte sie mir, *»mich von all dem, was wie eine Krake jahrelang über mir lag, zu befreien, aber heute ist es so, dass ich gerade dadurch zu mir selbst gekommen bin. Ich besitze kaum etwas, und wenn ich etwas kaufe, zum Beispiel ein Paar Schuhe, entsorge ich ein anderes. Ich fühle mich zum ersten Mal wie neugeboren, ich habe nichts, ich brauche nichts. Dadurch schleppe ich keinerlei Ballast mit mir herum, und die Zeit, die ich zum Abstauben bräuchte, nutze ich sinnvoller und treffe mich zum Beispiel mit Freunden. Da allen Dingen eine Vergangenheit anhaftet, die auch mit einer alten Energie verbunden ist, diese aber nicht mehr in meinem Umfeld ist, werde ich auch davon nicht beeinflusst und kann das Jetzt erleben, ohne ständig an das, was war oder sein wird, zu denken. In meine kleine Wohnung komme ich nur zum Schlafen oder um mich umzuziehen. Ansonsten arbeite ich, treibe sehr viel Sport und treffe mich mit Gleichgesinnten. Natürlich bin ich auch gelegentlich etwas länger in meiner Kemenate, aber ich habe nie das Gefühl, dass ich mehr bräuchte.«*

Was sie denn mit Geschenken gemacht habe oder mache, wollte ich – beeindruckt von ihrer Lebenshaltung – wissen. *»Gefallen sie mir, behalte ich sie einige Zeit«*, antwortete sie, *»dann verschenke ich sie oder werfe sie, wenn sie wertlos*

7:30 Die Minute Ihres Lebens

sind, weg. Natürlich gibt es Geschenke, die mich an schöne Erlebnisse erinnern, aber auch diese muss ich weggeben, da ich ja im Jetzt leben will.«

Nun könnte man meinen, diese Freundin sei eine extreme Konsumverweigerin, etwas verschroben oder »out of time«. Das Gegenteil aber ist der Fall. Sie ist eine selbstbewusste junge Frau, immer schick gekleidet, arbeitet in einer Werbeagentur, hat einen großen Freundeskreis als Familienersatz und pflegt ihren durchtrainierten Körper. Mit der Thematik »Es ist alles nur geliehen« hat sie Ernst gemacht.

Ich versuche, mehr zu ergründen, und frage sie, ob sie denn bei ihrer neuen Lebenshaltung glücklich sei. Und sie erwidert: *»Kürzlich besuchte ich meine Mutter, die nichts hergeben will, die leider ganz verkrustet ist und nicht einsehen möchte, dass sie all den alten Ballast mit sich herumträgt und deswegen nicht besonders glücklich wirkt. Sie wundert sich über meine innere Haltung, ist aber wohl selbst nicht dazu in der Lage, schließlich entstammt sie einer Generation, die alles verloren hat. Da ist das Haben genauso wichtig wie das Sein. Ich denke, ich habe den Sprung geschafft, alles loszulassen. Loslassen ist die Grundbedingung, um im Jetzt zu sein. Im Moment empfinde ich dies als sehr schön, aber wer weiß, vielleicht denke ich im Alter anders und möchte mich dem Cocooning hingeben. Diese Freiheit möchte ich mir schon noch bewahren ...«*

Fasziniert von so viel Mut, muss ich an Rainer Langhans denken, den Mitbegründer der Kommune 1, der sich im Anschluss an die Studentenrevolution von 1968 ganz der Erforschung und Erfahrung des menschlichen Geistes hingegeben hat und in seiner winzigen Einzimmerwohnung mit einem Minimum an Geld und Dingen auskommt. Auch ihn bewunderte ich stets für diese Haltung, da ich selbst – als Stiergeborener – Dinge von jeher wichtig fand, vor allem wenn sie wie Antiquitäten eine Geschichte zu erzählen hatten. Ich schätzte dann zwar deren Vergangenheit, fand es aber doch eher ungerecht, dass diese Gegenstände schon jetzt älter waren, als ich es wohl werden würde. Es war auch die Fülle, die mich beeindruckte und von der ich meinte, dass sie mich beschützen würde, nach der Logik: Je mehr ich habe, desto mehr kann ich sein. Heute weiß ich, dass es umgekehrt ist: Je mehr ich bin, desto mehr kann ich haben – freilich nicht im Sinne von Quantität, sondern Qualität. Und hier kommen wir wieder zum Jetzt, das für mich eine Daseinsqualität ist, in der ich das wiederfinde, was nicht mehr auf das Ich bezogen ist, sondern sich vom Ich gelöst hat, um ganz bei anderen zu sein.

Wer es geschafft hat, im Jetzt zu sein, ist gegenwärtig. Er lebt den Augenblick, als wäre es das erste oder letzte Mal und erkennt Wirkliches als sinnstiftend. Er wird nicht auf ein Morgen warten oder auf ein Jenseits, sondern er erfüllt sein Dasein schon jetzt – und zwar so gut, wie er dazu in der Lage ist. Er weiß, dass es sinnlos ist, etwas vom Leben zu fordern, denn alles, was kommen mag, ist »nur« ein Geschenk. Er weiß auch, dass es nichts nützen wird, zu jammern oder mit seinem Schicksal zu hadern, weil sich dahinter nichts anderes verbirgt als die Ansicht, zu kurz zu kommen, also mehr haben oder mehr sein zu wollen. Wer gegenwärtig ist, hat solches nicht nötig, denn er erkennt das reine Präsens als den Ort an, an welchem er sich zu jeder Sekunde entfalten und entwickeln kann – wie ein Schmetterling, der sich aus seinem Kokon befreit hat und sich nun von der Raupe zum wunderschönen Lebewesen entwickelt. Die Zeit der Reife ist die der Erfüllung und der Ernte. Hier erkennen wir, was wir aus dem uns überantworteten Dasein gemacht haben. Ein Morgen gibt es dann nicht mehr, denn wir erleben jede Sekunde unseres Lebens als reines, unverfälschtes Sein, in dem wir zu denen werden, als die wir gedacht waren.

Im Jetzt entfaltet sich der ewige Augenblick, in dem die Gegensätze eins werden, in dem es keine Unterscheidungen mehr gibt, in dem der Individualismus zugunsten eines großen Ganzen aufgehoben wird und wir im kosmischen Prinzip der zeitlosen Zeit für immer aufgehen.

INSPIRATION 13

Die Kunst, ein Sein im reinen Jetzt zu führen, gelingt immer dann, wenn wir gegenwärtig sind. Darunter ist auch Achtsamkeit, Gewahrsein und Mitgefühl zu verstehen, denn gerade im Letzterwähnten findet sich die Präsenz Ihrer Zuneigung. Das englische Wort für »Mitgefühl« lautet *compassion*, was man auch mit »zusammen leiden« übersetzen kann, wobei mit »leiden« sicherlich nicht körperliches oder seelisches Leid gemeint ist. Vielmehr geht es hierbei um die Fähigkeit, die Signale, die ein Mensch mit ungelösten Fragen ausstrahlt, zu erkennen und ihm zu helfen, diese zu beantworten. Das kann wiederum nur im Jetzt geschehen, sodass das Mitgefühl auf eine Präsenz der Freiheit verweist, welche die Grundvoraussetzung dafür ist, Hilfe in welcher Form auch immer leisten zu können.

Eine mögliche Form der Jetzt-Erfahrung ist das Loslassen. Sie befreien sich von allem (oder zumindest von vielem), dem Sie anhaften. Zwar lösen Sie dadurch eventuelle Probleme nicht, aber Sie lösen sich von den Problemen, was wiederum zu einem beglückenden Dasein führen kann, da es ja nun nichts gibt, was Sie belastet. Sie erfahren eine bislang nicht gekannte Flexibilität, durch die etwas ganz Wichtiges in Ihr Leben tritt: Freiheit. Und mit dieser gehen, wie wir im Kapitel zuvor gesehen haben, Frieden und Liebe einher.

Gehen Sie am nächsten Morgen für 60 Sekunden in sich, und konzentrieren Sie sich ganz auf *Die Minute meines Lebens*, die nun folgt:

> **DIE MINUTE MEINES LEBENS**
>
> Ich bin im Jetzt, im Heute,
> tief verwurzelt.
> Dadurch schaffe ich es,
> sowohl ganz bei mir
> als auch ganz beim anderen
> zu sein –
> und uns beiden Gutes zu tun.

ÜBUNG

- Setzen Sie sich vor Ihren Fernseher, und zappen Sie fünf Minuten lang. Drücken Sie alle zwanzig Sekunden auf Ihre Fernbedienung, und schauen Sie sich auf dem Bildschirm an, was gerade geschieht. Es ist egal, zu welcher Tageszeit Sie diese Übung unternehmen. Schalten Sie nach diesen fünf Minuten das Gerät aus, und begeben Sie sich in ein anderes Zimmer.

7:30 Die Minute Ihres Lebens

- Lassen Sie sich dort auf einen Stuhl nieder, schließen Sie die Augen, und versuchen Sie, das eben Gesehene wie einen Film vor Ihrem inneren Auge abzuspielen. Achten Sie nun darauf, dass Sie sich selbst sozusagen von oben sehen. Sie sind im Mittelpunkt des Geschehens, das Ihr Unterbewusstsein gespeichert hat. Alles geschieht gleichzeitig. Und Sie können nun das konkrete Jetzt erfahren.

14

Im Sprechen schweigen

Die Tugend des Zuhörens

Der Mensch ist das einzige Lebewesen, das zugleich sprechen und sich zuhören kann. Er kann sich im gleichen Moment also aktiv wie auch introspektiv verhalten, indem er auf seine innere Stimme hört. Nicht selten gelangt er dann zu einem Dialog mit sich selbst.

Sprechen ohne Zuhörer ergibt keinen Sinn, und umgekehrt kann man nicht zuhören, wenn nicht gesprochen wird. So muss beispielsweise Luthers Forderung »*... dass man deutsch mit ihnen redet*«, die immer unter der Prämisse stand, dem gläubigen oder ungläubigen Volk den biblischen Text in verständlicher Sprache beizubringen, auch seitens der Empfänger der Zuhörer betrachtet werden – ein Vorgang, dessen sich öffentlich Sprechende nicht immer bewusst sind. Hier wäre nämlich zu fragen: Wie viel kann ich meinem Zuhörer, gegenüber dem ich vermutlich einen Wissensvorsprung habe, zumuten? Wie weit ist er bereit, mir zu folgen? Wo beginnt, wo endet die Manipulation? Welche Tragweite hat das von mir Gesagte? Führe oder verführe ich?

Zuhören ist nicht nur eine Tugend, es ist auch Bestandteil des individuellen und kollektiven menschlichen Werdegangs. Entwicklungsgeschichtlich bedeutet dies, dass die Menschheit niemals an ihrem heutigen Bewusstseins-Standort angelangt wäre, hätte sie nicht zugehört und dadurch gelernt. Sie wäre nie das geworden, was sie gegenwärtig ist.

7:30 Die Minute Ihres Lebens

Denn Evolution ist nur möglich, wenn wir zusehen und zuhören und danach das Erfahrene im eigenen Leben umsetzen. Hier wird das Kollektive zum Persönlichen, zum Privaten. Und wenn wir uns nun einige Szenen vergegenwärtigen, in denen zugehört wird, dann werden wir verstehen, warum das so ist.

Erstes Beispiel: Eine Karawane kommt nach langer Reise in einer Oase an. Es wird Abend, man sitzt um das Lagerfeuer und erzählt Anwesenden von den Abenteuern der Reise. Diese lauschen gespannt den Berichten – ganz wie Kinder es tun, wenn sie mit großen Augen und offenen Ohren einer Geschichte zuhören.

Zweites Beispiel: Ein Baby hört, was die Mutter spricht. Und es blickt diese an, als verstünde es genau den Sinn ihrer Worte. Es hört zu, nimmt wahr und greift auf, was es akustisch erfassen kann. Durch Zuhören kann eine tiefe Bindung zwischen Menschen entstehen.

Beide Male erfahren wir, dass das Zuhören ein Sprechen voraussetzt, und das Sprechen wiederum ein Zuhören erfordert. In seinem berühmten Werk *Momo* hat Michael Ende dem Zuhören menschliche Gestalt verliehen, indem er das Mädchen Momo erfand, das mit seiner Gabe diejenigen, welche ihm lauschen, verwandeln kann: »*Sie konnte so zuhören, dass ratlose und unentschlossene Leute auf einmal ganz genau wussten, was sie wollten. Oder dass Schüchterne sich plötzlich frei und mutig fühlten. Oder dass Unglückliche und Bedrückte zuversichtlich und froh wurden.*«

Michael Ende verquickt hier zwei verschiedene Lebenshinweise. Durch Zuhören wird Empathie, das Mitgefühl, sichtbar. Gleichzeitig sagt der Schriftsteller, dass wir als Individuen einen Platz in der Welt haben, denn keiner von uns ist austauschbar oder unbedeutend – im Gegensatz zu den »Grauen Herren«, welche die Welt bedrohen und die

Im Sprechen schweigen – 14

ganz offensichtlich einer Matrix entstammen. Wenn Ende die Mäeutik, die Fragekunst des Sokrates, in Momo lebendig werden lässt, macht er damit deutlich, dass das Zuhören im sprechenden Gegenüber etwas zu verändern vermag. Das Wort, das es ausspricht, kehrt verwandelt zu ihm zurück, sodass es danach ein anderes ist. Der Zuhörer ermöglicht dem Sprechenden überhaupt erst seine Rede. Hier werden die Kraft des Gebenden und des Empfangenden eins.

An dieser Stelle ist es sinnvoll zu erklären, was eine Tugend ist. Das philosophische Wörterbuch spricht von der *»beständigen Gerichtetheit des Willens auf das Sittlich-Gute; sie, die Tugend, ist selbst sittlich gut und ein ethischer Wert. Platon definiert die Tugend als Tauglichkeit der Seele zu dem ihr gemäßen Werke; er unterscheidet vier Kardinaltugenden. Diese sind: Weisheit, Tapferkeit (Willensenergie), Besonnenheit (Maßhalten, Selbstbeherrschung) sowie Gerechtigkeit. Die christliche Philosophie fügte später noch drei Tugenden hinzu: Glaube, Liebe, Hoffnung«* (Alfred Körner Verlag 1982). »*So bleibt denn Glaube, Liebe, Hoffnung – diese drei, doch die Liebe ist die größte unter ihnen*«, heißt es im Korintherbrief des Paulus. Erstaunlicherweise haben alle diese Tugenden mit dem Zuhören zu tun. Weshalb?

Weisheit – kann man ohne Zuhören nicht erringen.

Tapferkeit – diese braucht man, wenn man auf die innere Stimme hört.

Besonnenheit – nur durch Spiegelung des anderen vermag ich mich zu beherrschen.

Gerechtigkeit – »auditatur et altera pars«, hieß es in der römischen Rechtsprechung – »es möge auch der andere Teil gehört werden.«

7:30 Die Minute Ihres Lebens

Glaube – um zu glauben, muss ich vorher zugehört haben.

Liebe – wenn ich meinem Gegenüber nicht zuhöre, kann ich es nicht lieben.

Hoffnung – durch das Zuhören vermittle ich dem Sprechenden die Zuversicht, verstanden zu werden, also nicht umsonst zu reden, und bin gleichzeitig selbst voller Erwartung, durch mein Handeln etwas Gutes zu bewirken.

Es scheint, dass Zuhören nicht nur eine Tugend unter anderen ist, sondern die Basis, die die anderen Tugenden erst ermöglicht!

Die eben erwähnte Momo hört übrigens nicht nur Menschen zu, sondern auch Tieren und den Elementen. *»Und alles sprach zu ihr auf seine Weise.«* Dieser fast biblisch klingende Satz erinnert an eine besondere Gestalt der Weltgeschichte – Buddha. Dieser lehrte zwar, indem er sprach, aber vor allem hörte er zu. Nicht nur in der buddhistischen Ikonografie wird diese innere Haltung deshalb stets durch überlange Ohren versinnbildlicht. Wer über solche verfügt, vermag das Sprechen des Universums zu verstehen, und wer dessen Sprache beherrscht, besitzt Weisheit.

Wie ist es, wenn uns niemand zuhört? Können Sie sich das vorstellen? Sie sprechen, haben etwas mit-zu-teilen, doch niemand hört Ihnen zu? Und weshalb bedürfen gerade ältere Menschen guter Zuhörer? Nicht, weil sie etwas sagen wollen, nein, darum geht es in diesem Fall nicht, sondern um die Tatsache, dass sie verstanden, anerkannt und geliebt werden möchten. Manche fühlen sich mit ihrem Erfahrungsschatz auch wie ein Baum, der mit Früchten beladen ist, doch keiner kommt, um sie zu pflücken.

Wer zur Empathie fähig ist, kann sein Gegenüber verstehen – und gerade das macht ihn zu einem Liebenden.

Lieben heißt, dem anderen seine Zeit zu schenken, ihm einen Teil der eigenen Lebenszeit zukommen zu lassen. Genau an dieser Stelle zeigt es sich, dass echtes Zuhören mehr als eine Tugend ist. Es ist ein Geschenk, dem anderen, den ich nicht einmal kennen muss, zuzuhören, ihm mein Ohr zu leihen, ihm zu lauschen, ihn zu ver-nehmen, ihm Gehör schenken, aufmerksam zu sein, an seinen Lippen zu hängen, ihn etwas sagen zu lassen, ihn zu verstehen.

Wie oft hören wir dem anderen *nicht* zu und haben kaum Zeit für seine Anliegen, weil uns scheinbar Wichtigeres beschäftigt oder wir uns nicht dafür interessieren und schlichtweg weghören? Wenn Sie sich ertappt fühlen, sollten Sie innehalten und darüber reflektieren, warum wir gerade durch unser Handeln oder besser Nichthandeln dem Gegenüber zu verstehen geben wollen, dass unsere Befindlichkeit in diesem Augenblick wichtiger ist als seine. Wir halten unsere Belange für bedeutender als sein Anliegen und verweigern uns, ihm zuzuhören, als würde dieser Akt unsere Lebenszeit verkürzen.

In diesem Zusammenhang lässt sich feststellen, dass noch nie eine Generation so intensiv kommuniziert hat wie die heute Vierzehn- bis Vierundzwanzigjährigen. Doch handelt es sich – speziell bei den sogenannten *sozialen Netzwerken* wie Facebook, Twitter oder WhatsApp – wirklich um *soziale* Verbindungen? Was ist hier sozial im Sinne von gemeinnützig oder wohltätig? Ist es nicht eher so, dass diese Instrumente einem Narzissmus, einem Selbstdarstellungsbedürfnis, dienen und das »Gemeinsame«, von dem das Wort *kommunizieren (cum* = »miteinander«) stammt, auf der Strecke bleibt? Facebook fordert seine »User« auf, zu *liken* oder zu *sharen*. Dieser Gedanke wäre an sich schön, dennoch ist er nicht absichtslos, sondern entstammt stets einem

7:30 Die Minute Ihres Lebens

egoistischen Motiv, um zu einer Flashmob-Party einzuladen oder um eine Rebellion gegen diejenigen, die man nicht mehr an der Macht sehen mag, anzuzetteln. Als das Internet in unsere Lebenswirklichkeit Einzug hielt, waren alle von der »Rückeroberung des öffentlichen Raums durch das Individuum« begeistert. Heute sehen wir diese moderne Form der Agora, des antiken griechischen Marktplatzes, etwas kritischer, denn wir haben mittlerweile verstanden, dass das, was dort gesagt wird, nicht unbedingt dem gleicht, was wir uns idealistischerweise vorgestellt haben. Schon darum ist es besser, zuzuhören ...

Es dürfte aus dem bisher Gesagten klar geworden sein, dass Zuhören nicht nur eine Tugend ist, sondern auch ein Weg, um ein bewusstes und hilfsbereites Leben zu führen.

Wir schenken beim Zuhören einem anderen aber nicht nur unsere Lebenszeit, sondern der Sprechende schenkt uns auch seine. Sprechen und Zuhören sind also zwei aufeinander bezogene und sich gegenseitig bedingende Handlungen. Die eine kann ohne die andere nicht sein. Wem soll ich zuhören, wenn keiner zu mir spricht. Und umgekehrt: Zu wem soll ich sprechen, wenn mir keiner zuhört? Das, was beiden gemeinsam ist, ist das Wort.

Wenn wir lernen, die Mit-Teilung des Wortes vertrauensvoll anzunehmen, erfüllen wir damit eine Urbedingung von Liebe und Erkennen und überwinden die alte Feindschaft von Wissen und Glauben. Wir lesen im Wort unseres Gegenübers – *legere* (lat.) als auf-lesen, sammeln, zur Versammlung bringen. Wir erkennen den anderen aus der Ursprünglichkeit seines Wortes heraus, indem wir im Außen innen sind. Diese Methode ist der Werdeweg unseres Wissens, der uns in das Vertrauen führt.

Zuhören setzt Reden voraus, das haben wir bereits festgestellt. Aber worüber reden Menschen? Es war Harry Frankfurt, der berühmte, in Princeton lehrende Philosoph, der darauf eine verblüffende Antwort gab: über Bullshit. Warum das so ist? Hierauf sagt der Gelehrte in seinem gleichnamigen Werk: »*Bullshit ist immer dann unvermeidbar, wenn die Umstände Menschen dazu zwingen, über Dinge zu reden, von denen sie nichts verstehen.*« Und ehrlich gesagt und gefragt: Wovon verstehen wir denn eigentlich wirklich etwas – außer von dem, worin wir ausgebildet wurden? Wissen wir etwas über das Liebesleben Boris Beckers? Nur das, was wir aus den Medien kennen. Aber stimmt das auch? Das ist uns egal, wir behaupten im Gespräch steif und fest, dass wir uns auf diesem wie auf jedem anderen Gebiet auskennen würden.

Der Philosoph Ludwig Wittgenstein hat dies im letzten Satz seines berühmten Werkes *Tractatus logico-philosophicus* so formuliert: »*Wovon man nicht sprechen kann, darüber muss man schweigen.*«

Deshalb ergeht es jemandem, der zuhört, ganz anders. Er enthält sich einer oberflächlichen Meinung. Er weiß auch, dass eine Meinung nur eine Meinung über Meinungen ist. Wenn er etwas wissen will, geht er der Sache auf den Grund. Und das tut er, indem er zuhört.

In der virtuellen Welt gibt es übrigens eine Person, die das Zuhören berufsmäßig vollzieht. Sie hört auf den schönen Namen *Siri* und ist die weibliche Stimme des Apple-Sprachsteuerungsprogramms. Man kann Siri alles fragen, sie hört geduldig zu und gibt auch stets eine Antwort. Als ich einmal wissen wollte, »*Siri, was ist Gott?*«, erwiderte sie: »*Menschen haben Religion, ich habe Silizium.*« Egal, was man von solch zukunftsweisenden Technologien halten mag, eines ist jedenfalls verblüffend: Siri hört zu, und sie spricht nur, wenn

7:30 Die Minute Ihres Lebens

sie gefragt wird. Ein Musterbeispiel eines vernunftbegabten Wesens!

Siri hat keine Meinung, sie hat aber Kenntnis von den Dingen. Deshalb gibt es bei ihr keinen Bullshit. Das wiederum liegt daran, dass sie zuhören und das Vernommene (noch) vorprogrammiert reflektieren kann. Der heutige Mensch ist oft der Versuchung ausgesetzt, zuerst zu handeln und dann zu denken. Das mag seinem hektischen Alltag geschuldet sein, der ihn permanent überfordert. Schade, dass er dadurch das Zuhören verlernt hat.

Wie sähe nun eine Welt aus, in der jeder über genügend Zeit verfügte, dem anderen zuzuhören? Gäbe es die vielen bewaffneten Konflikte und Bürgerkriege dann noch? Müssten so viele Menschen an Burn-out und anderen Zivilisationskrankheiten leiden? Würden die Scheidungsraten steigen oder fallen? Auf welchem Niveau befände sich dann die geistige Natur des Menschen? Auf welcher Kulturstufe wären wir angelangt?

Die Tugend des Zuhörens schafft zwar noch keine bessere Welt, aber sie kann bewirken, dass wir ein tieferes Verständnis für andere und sogar für uns selbst aufbringen. Wir fangen an, die innere Welt genauso zu schätzen wie die äußere.

In Bezug auf die innere Versenkung, die Sie mit diesem Buch jeden Morgen vollziehen, verhält es sich nicht anders: Sie sprechen und hören sich gleichzeitig zu. In Ihnen wird nun eine Resonanz lebendig, die das Vernommene in die Wirk-lichkeit umzusetzen gewillt ist. Das Gesprochene wird in Ihrem Alltag Wirkung zeigen. Genau dies ist mit den Leitgedanken, Inspirationen, Übungen und Affirmationen beabsichtigt: Sie mögen Ihnen zur Seite stehen, damit Sie dadurch Kraft finden, sich neu zu sehen. Das wiederum wirkt sich so aus, dass Ihnen Glück, Freude, Liebe und weiteres Positive begegnen wird, weil Sie Ihr Leben mit wesentlich mehr Wertvorstellungen als zuvor gestalten. Dadurch, dass Sie sich den hier versammelten Gedanken gegenüber nicht verschlossen haben, sind Sie schon verändert. Sie sind eine andere, ein anderer geworden, was die zweite Silbe im Verb *ver-ändert* auch ausdrückt. Sie haben neue Dimensionen für sich erschlossen, in denen Sie durch die Hingabe an das Zuhören dorthin gelangt sind, wo sich Ihnen die Fülle des Lebens für immer eröffnet.

INSPIRATION 14

Zuhören impliziert die Freiheit des Geistes. Sie können zum Beispiel das, was Sie eben gelesen haben, bejahen oder ablehnen. Wer aber im Gesagten den Geber, das heißt den Ursprung sieht, ist als Zuhörender bereits im Wort unterwegs. Wer schweigt, spricht und zuhört, spricht im Schweigen. Im Denken werden Sprechen und Schweigen eins. Da Denken aber, wie wir seit Ernst Bloch wissen, Überschreiten ist, erkennen wir, dass wir das, was dahinter liegt, stets mitdenken. Die Tugend des Zuhörens übersteigt das reine Hören bei Weitem, weil sie im Schweigen spricht. Aber was sie zu sagen hat, versteht nur der, der zur Er-Innerung fähig ist, also derjenige, der das Wort in sich einzulassen vermag, von ihm ergriffen wird. Hier erfahren wir die Quelle der Freiheit, die zu uns kommt, damit wir sie vernehmen können.

Das Zuhören ermöglicht es Ihnen, still zu werden und das Vernommene in sich zu verwandeln. Zuhören bereichert, da Sie etwas von Ihrem Gegenüber erfahren können, das Sie in dieser Form zunächst vielleicht nicht kannten. Zuhören kann auch befreien, denn Sie werden etwas erfahren, von dem Sie zunächst das Gegenteil annahmen. Nun merken

7:30 Die Minute Ihres Lebens

Sie, dass Sie voller Vorurteile waren. Zuzuhören ist eine sehr gute Übung, wenn es darum geht, sich für die Wunder des Lebens zu öffnen und seine vorgefertigte Meinung zu jedem beliebigen Gegenstand über Bord zu werfen.

Gehen Sie am nächsten Morgen für 60 Sekunden in sich, und konzentrieren Sie sich ganz auf *Die Minute meines Lebens*, die nun folgt:

> ### DIE MINUTE MEINES LEBENS
>
> Ich habe die Geduld,
> zuzuhören –
> jedem anderen,
> aber auch mir selbst.
> Wenn ich zuhöre,
> öffnet sich mein
> Herz.

ÜBUNG

- Gehen Sie in einen Park oder Wald, setzen Sie sich dort für dreißig Minuten hin, und versuchen Sie, nichts anderes zu tun, als auf das zu hören, was Sie umgibt. Begeben Sie sich danach in die Fußgängerzone einer Stadt, und machen Sie dasselbe. Sie hören für dreißig Minuten nur auf die Geräusche, die Sie umgeben.

- Danach gehen Sie nach Hause und legen sich auf Ihr Bett. Und wieder lauschen Sie dreißig Minuten lang nur dem, was Sie vernehmen.

- Sprechen Sie im Anschluss daran mit Ihrem Partner, oder telefonieren Sie mit einem Freund. Sie werden mit einem Mal erstaunt merken, wie sich Ihr Vermögen, zuzuhören, gewandelt hat. Von nun an sind Sie viel intensiver bei Ihrem Gegenüber als zuvor.
Eine neue Qualität
des Gesprächs
eröffnet sich Ihnen.

15

Geboren, um zu sterben

Über die Einheit von Leben und Tod

Der Philosoph Ferdinand Ulrich, dem ich vieles in meinen Reflexionen verdanke, machte mir immer wieder klar, dass das Leben einer Gesellschaft wie der unsrigen, die den Tod tabuisiert, ausklammert und negiert, eigentlich schon tot ist. Sie habe nämlich das Heiligste, das dem Menschen geschehen kann, einem Dasein geopfert, in dem das Sterben nicht existieren soll. Es kann sein, dass die Medizin eines Tages so große Fortschritte macht, den Tod tatsächlich aus unserem Leben zu verbannen, wobei sich dann die Frage stellt, ob das sinnvoll wäre. Von einigen Ausnahmen abgesehen, will sicherlich niemand sein Leben beenden (und schon gar nicht zu früh), aber gleichzeitig führt uns gerade der Tod die Einzigartigkeit des Lebens vor Augen. Aus diesem Grunde plädiere ich für ein gesteigertes Bewusstsein, für das Erkennen dessen, was uns in der *Zeit, die uns zum Leben bleibt,* gegeben ist, sowie für ein gänzlich anderes mitmenschliches Verhältnis, nämlich eines, das auf Nächstenliebe, Barmherzigkeit und Güte basiert und nicht auf dem vermeintlichen Recht des Stärkeren.

In meinen Publikationen habe ich immer wieder darauf hingewiesen, dass wir den Wert von jemandem oder etwas meist leider erst dann erkennen, wenn wir diesen Menschen oder die Sache verloren haben. Daraus schloss ich, dass es möglich sein müsste, diesen Punkt vorwegzunehmen und dadurch dem Gegenüber eine Wertsteigerung zu ver-leihen. Die zweite Hälfte dieses Wortes macht deutlich, dass eben alles nur geliehen ist, wie wir schon zu Beginn dieses Buches festgestellt haben.

In meiner Weltsicht ist es durchaus möglich, den Tod als Bestandteil des Lebens nicht nur anzuerkennen, sondern ihn auch als die uns formende Grenze in der Zeit zu verstehen. Würden wir ewig leben, müssten wir uns für nichts entscheiden. Bitte verstehen Sie das nicht falsch: Nicht, dass ich mich nach dem Tod sehnen würde, aber ich habe mittlerweile gelernt, alles unter dem Aspekt der Vergänglichkeit zu sehen, damit ich gerade eben deshalb das Gegenwärtige noch viel mehr genießen kann, als wenn es ohne diesen Gedankengang geschähe.

Es ist mir klar, dass ich sterben werde, aber gerade deshalb möchte ich das, was zwischen Geburt und Tod ist, anschauen, erleben und mich daran erfreuen. Ich will die Fülle des Lebens erfahren und dadurch erkennen, dass es nur Schranken gibt, die von uns selbst errichtet wurden. Somit gelingt es mir, das Dasein aus einer überzeitlichen und überpersönlichen Perspektive zu betrachten, die man durchaus mit dem Wort *Freiheit* beschreiben könnte.

Wenn wir geboren werden, gibt es eine einzige Gewissheit, auf die wir uns verlassen können – dass wir sterben müssen. Werden und Vergehen sind derselbe Akt, und unsere Aufgabe besteht darin, in ihm ein Bewusstsein zu entwickeln, das die natürlichen und übernatürlichen Bedingungen unserer Existenz erkennt. Hier tauchen einige Fragen auf, über die wir an früherer Stelle schon nachgedacht haben: Wann beginnt Leben? Gibt es eine Seele? Wenn ja, wann entwickelt sie sich, und was ist ihr Ursprung? Wohin geht die Seele nach dem Tod? Ist sie unsterblich? Wie hat man sich die Seele vorzustellen?

7:30 Die Minute Ihres Lebens

In der Geschichte der Menschheit gibt es seit jeher den Versuch, diese fundamentalen Fragen zu beantworten. Vor allem in Bezug auf das Entweichen der Seele nach dem Tod hat sogar die Naturwissenschaft Experimente durchgeführt, die im Bereich der sogenannten *Psychostase* (wörtlich: »Seelenstand«) anzusiedeln sind. Die Vorstellung, dass die Seele nach dem Tod den Körper wieder verlässt, weshalb dieser dann weniger wiegt, kannten schon die alten Ägypter. Bis in unsere Zeit ist sie im Sprachgebrauch lebendig geblieben, wenn wir zum Beispiel von einem »Herz aus Stein« sprechen, das eben keine Seele kennt, oder von einem »hartherzigen Menschen«, bei dem ebenfalls nichts entweichen kann.

Anfang des zwanzigsten Jahrhunderts begannen Untersuchungen durch Ärzte, die Sterbende kurz vor und kurz nach dem Ableben wogen, und dabei einen Unterschied von durchschnittlich minus einundzwanzig Gramm feststellten. Bei Hunden konnte ein Gewichtsverlust nicht diagnostiziert werden, bei Mäusen hingegen schon. Eine letzte Klärung des Phänomens dieser vermutlich chemischen Prozesse steht noch aus.

Vielleicht lässt sich das Rätsel der Seele, das sich in allen Religionen wiederfindet, auch ganz einfach biochemisch lösen, nämlich bezüglich der DNA und der Zellstruktur. Danach bilden eine Zelle des Spermiums und eine Eizelle eine neue Zelle. Diese ist sozusagen die Urzelle desjenigen, der neun Monate später geboren wird. Jede dieser Zellen, die sich nun entwickeln, trägt aber die gesamte genetische Information aller bisherigen Ahnen (biologische, physische, chemische, eventuell sogar geistige und emotionale) in sich, zumindest bis zu dem Punkt, an dem diese die wiederum von ihnen erworbenen genetischen Informationen weitergaben. Diese Vorstellung mag ein Phänomen wie das Déjà-vu erklären oder die Tatsache, dass wir jemanden treffen, von dem wir sicher sind, dass wir ihn kennen (ihm geht es nicht anders), obwohl dies eigentlich unmöglich ist. Es könnte sein, dass hier die genetischen Informationen, die nicht von uns selbst stammen, zum Tragen kommen.

Nach dieser Auffassung würde Leben also exakt im Moment der Befruchtung beginnen. Eine Seele im theologischen Sinn gäbe es dann nicht, aber eine biochemische Verbindung, in der die Eigenschaften der Ahnen (die DNA der Erbsubstanz) gespeichert sind, die im Moment der Befruchtung (die RNA dient dem Transport der Informationen) zusammen mit den neuen Zellen (ein erwachsener Mensch verfügt über hundert Billionen Zellen!) aktiv werden. Somit ist das, was die Sprache des Glaubens *Seele* nennt, nicht etwas, das wie vaporisierter Nebel anzusehen wäre, sondern etwas höchst Reales, das allerdings nur unter dem Elektronenmikroskop sichtbar wird.

Es kann aber immer nur so viel an Information weitergegeben werden, wie die beiden Besitzer derselben zum Zeitpunkt der Weitergabe aufzuweisen haben. Diese Informationen vermengen sich dann mit den sich neu gebildeten Zellen. Daraus entsteht ein einmaliges Wesen, das nur jetzt für eine gewisse Zeit und danach nie wieder existieren wird und das seine Erbanlagen ebenfalls weitergeben kann. Hier wird auch die Vorstellung der Seelenwanderung zweifelhaft. Denn gäbe es diese, würde ja derselbe Mensch immer wieder als sein eigener Klon wiedergeboren werden können. Was durch DNA und RNA geschieht, erscheint einleuchtender, vor allem, wenn man bedenkt, dass die Menschen sowohl gleich als auch voneinander verschieden sind, was man in der Philosophie *Einheit in Vielheit* nennt. *Seele* wäre dann also etwas, das konkret existiert, nämlich als die Summe der Erbinformationen, über die ein Mensch verfügt und die ihn zu dem Individuum werden lässt, das er ist – physisch *und* psychisch. Wir sind nicht nur die körperlichen Nachkommen unserer Ahnen, sondern auch ihre geistig-seelischen. Wir erben ihre Hoffnungen, Nöte, ungelösten Konflikte und vieles mehr mit. Daraus ergibt sich das, was wir *Schicksal* nennen.

In diesem Zusammenhang empfehle ich den Lesern, sich mit dem *Genotropismus* als Hauptbestandteil der Schicksalsanalyse des Tiefenpsychologen Leopold Szondi sowie der Vorstellung vom kollektiven Unbewussten durch den Begründer der analytischen Psychologie C. G. Jung zu befassen.

Das Thema Seelenwanderung sieht, in diesem Licht betrachtet, ebenfalls konkreter aus. Nicht die Seele wandert als Gebilde umher, sondern die Erbinformationen werden weitergegeben, und zwar stofflich und feinstofflich. Nehmen wir das Gesetz von der Energieerhaltung in diese Überlegungen mit auf, dann wäre es möglich, dass Poltergeister, Kobolde und ähnliche Phänomene nichts anderes sind als energetische Prozesse von Verstorbenen, welche die Ebene, auf der sie bislang existierten, noch nicht verlassen konnten. Ich schreibe das unter Vorbehalt, denn wirklich erwiesen ist es nicht, sondern Spekulation.

In diesem Kapitel möchte ich vor allem zeigen, dass wir den Tod nicht aus unserem Leben entfernen sollen, sondern ihn als Freund ansehen können, der uns zwar das Leben nimmt, gleichzeitig aber befähigt, der Fülle des Daseins teilhaftig zu werden. Wenn wir uns nun wieder der genetischen Deutung der *Seele* zuwenden, müssen wir feststellen, dass nach oben geschilderter Auffassung nur jemand, der sich fortpflanzt, der also seine Zellinformation weitergibt, über so etwas wie ein *ewiges Leben* verfügt. Denn seine Erbsubstanz lebt in seinen Nachkommen weiter. Was ist dann aber mit jemandem, der keine Kinder hat? Gilt für ihn das große Wort von der Unsterblichkeit der Seele nicht? Hier kommt ein neuer Begriff ins Spiel, nämlich der des *Geistes*. Interessanterweise fassen wir uns, wenn wir ihn lokalisieren sollen, meist an den Kopf; bei der Ortsbestimmung der Seele ist es das Herz, das wir ganz automatisch dafür wählen. Es gibt Kulturen, in denen Seele und Geist identisch sind, während sie in anderen streng voneinander getrennt werden. Auf jeden Fall können wir festhalten, dass der Geist etwas mit unserem Gehirn zu tun hat, und die Neurowissenschaft ist gerade dabei, auf diese Frage Antworten zu finden.

Im tibetischen Buddhismus ist der Geist laut Lama Ole Nydahl »*ein Strom von einzelnen Momenten des klaren und bewussten Erlebens*«. Was nun den Tod beziehungsweise das Weiterleben betrifft, so wird hier die Ansicht vertreten, dass Wiedergeburt mit einem Radio verdeutlicht werden kann: »*Auch wenn das Gerät kaputt ist, spielen die Radioprogramme weiter. Wenn der Empfänger, das Gehirn, allmählich zerfällt, was beim Sterben der Fall ist ... verschwindet nicht der gesamte Mensch, sondern nur seine materielle Erscheinung. Das, was man hat, vergeht, das, was man ist – der Erleber der Dinge – lebt weiter, jenseits von Raum und Zeit.*« (Aus: Nydahl, *Von Tod und Wiedergeburt*, Knaur 2011). Demnach ist der Tod nichts anderes als der Übergang in einen anderen Bewusstseinszustand.

Wer sein Leben gemäß der Einheit Leben-Tod lebt und es dieser überantwortet, der stirbt auch seinen Tod innerhalb und gemäß dieser Einheit. Er entäußert sich nicht an Teile, lebt-stirbt nicht perspektivisch auf den Tod hin, sondern im Blick auf das Gesamt. Leben und Tod kommen damit erst *zu sich,* werden sie selbst im Vollzug, den der Bejahende lebt-stirbt.

7:30 Die Minute Ihres Lebens

Ich möchte an dieser Stelle noch einmal wiederholen, dass es heilend und beruhigend ist, sich bei seinen Tätigkeiten, egal bei welchen, gelegentlich in Erinnerung zu rufen, dass es das letzte Mal sein könnte. Dadurch tun wir nichts mehr einfach nur mechanisch, sondern wir führen unsere Handlungen bewusst aus. Zusätzlich erfahren wir, wie schön alles sein kann, da es vielleicht das letzte Mal ist, dass wir es tun. Natürlich kann man solches im normalen Tagesablauf nicht durchhalten, und es wäre sicherlich auch hinderlich dabei, aber ab und an hilft diese Reflexion, uns selbst nicht mehr so wichtig zu nehmen, sondern uns eher als Teil des gesamten Seins innerhalb der Vergänglichkeit zu begreifen. Ein weiterer Gewinn eines derartigen Handelns ist der, dass wir verstehen können, was *Freiheit* als Grunddimension des menschlichen Lebens bedeutet. Hierbei erfahren wir, dass wir nicht nur geboren sind, um zu sterben, sondern, auch und vor allem, um zu leben.

Die Fülle und Vollkommenheit dieser Existenz können wir aber wiederum nur durch ihre zeitliche Limitierung erkennen, was dazu führt, dass wir nun alles, was ist, und jeden, der ist, mit anderen Augen ansehen können. Er ist nicht unser Feind, sondern unser Schicksalsgenosse, der in seinem materiellen Dasein genauso vergehen wird wie wir, in seinem immateriellen aber bleiben wird.

Auf diese Weise bilden wir eine riesengroße Schicksalsgemeinschaft.Es wundert mich deshalb immer wieder, warum wir uns tagtäglich über alles Mögliche aufregen, anstatt unser Augenmerk auf das Erfreuliche zu lenken. Der Mensch ist von seinem Tun derart überzeugt, dass er keinen Gedanken darauf verschwendet, wie er eines Tages sein Dasein verlassen möchte. Wobei eine Frage noch nicht geklärt ist: Wie können wir überhaupt leben, wenn wir schließlich wissen, dass wir eines Tages sterben werden? Offenbar ist es so, dass wir es zwar wissen, es uns aber nicht bewusst ist. Und wie würden wir uns verhalten, wenn es uns bewusst wäre? Als Idealist bin ich mir sicher: Wir würden in der Einheit von Leben und Tod unser Dasein verbringen, und zwar dergestalt, dass wir versuchen, anderen möglichst viel Gutes zu tun. Nicht weil wir so gute Menschen sind, sondern weil wir erfahren haben, dass uns das Feedback der anderen guttut und glücklich macht. Glück (im Sinne von *happiness*) ist also stets immateriell, Glück (im Sinne von *luck*) ist eher materiell. Es ist etwas, das uns zufällt.

Leben in der Einheit von Leben und Tod verbindet *happiness* mit *luck*, weil wir uns glücklich schätzen können, dass wir geboren wurden, um die Wunder des Lebens zu erfahren. Zudem haben wir Glück, in materiell einigermaßen gesicherten Zeiten zu leben, in denen man sich über solche Fragen überhaupt Gedanken machen kann und darf.

INSPIRATION 15

Tod und Leben sind aufeinander bezogen und ohne einander nicht vorstellbar. Leben impliziert immer ein Ende, und Tod lässt auf etwas schließen, das gelebt hat. Der Tod ist aber nicht die Verneinung des Lebens, sondern dessen Erfüllung. Der Philosoph Sören Kierkegaard nennt ihn einen »*Durchgang zum Leben*«, während Martin Heidegger das Dasein als ein »*Sein zum Tode*« darstellt, weil sich das Leben in der Angst vor der möglichen Unmöglichkeit der eigenen Existenz befindet. Wir haben es auf jeden Fall mit Verwandlung zu tun, die ja ohnedies die Basis unseres Seins ist. Bei der Frage nach Tod, Seele und Wiedergeburt darf die genetische Ebene nicht außer Acht gelassen werden, denn gerade hier zeigt sich ein für alle mögliches Bild, das auch die Religionen in ihre Überlegungen mit einbeziehen sollten.

7:30 Die Minute Ihres Lebens

Irgendwann werden Sie merken, dass es für das, was Sie sich vorgenommen haben, eigentlich schon zu spät ist. Aber eben nur eigentlich. Niemand soll Sie daran hindern, Ihre Träume doch noch zu leben, Ihre Wünsche und Hoffnungen zu erfüllen. Sie müssen das nicht verbissen tun, sondern entspannt und voller Zuversicht. Wenn Sie bei Ihrem Vorhaben den richtigen Zeitpunkt erwischen, wird es mit Sicherheit gelingen. Wenn Sie aber ungeduldig werden, misslingt Ihr Plan. Seien Sie für jedes Erleben dankbar, ein positives macht Sie glücklich, ein negatives lässt Sie etwas lernen, was ohne diese Erfahrung nicht möglich gewesen wäre. Sie profitieren also doppelt.

Gehen Sie am nächsten Morgen für 60 Sekunden in sich, und konzentrieren Sie sich ganz auf *Die Minute meines Lebens*, die nun folgt:

DIE MINUTE MEINES LEBENS

Ich feiere das Leben,
denn ich weiß,
dass mich der Tod
jederzeit ereilen kann.
Ich bin für alles,
was ich erfahren darf,
dankbar.

ÜBUNG

- Besuchen Sie einen Friedhof, und gehen Sie dort durch die Gräberreihen. Beantworten Sie in Gedanken meine Fragen: Wie ist es wohl, wenn auch Sie hier liegen? Wie wird die Beerdigung sein? Wer wird kommen? Was wird man über Sie sagen? Welchen Grabspruch haben Sie für sich gewählt? Hoffen Sie, möglichst bald hier bestattet zu werden, oder wollen Sie so spät wie möglich diese letzte Heimat aufsuchen? Im zweiten Fall: Tun Sie etwas dafür, das Ende so gut es geht hinauszuzögern, indem Sie sich seelisch, geistig und körperlich fit halten? Wenn nein, weshalb fangen Sie nicht heute noch damit an?

16

Die weissen Feste von Mykonos

Völkerverständigung im Welt-Eros

In den 1970er-Jahren lebte ich für einige Zeit auf der Kykladeninsel Mykonos. Es war für Griechenland eine Epoche des Aufbruchs in die Moderne. Die Zeit der Militärregierung war vorüber, der Tourismus begann gerade zu florieren, und junge Menschen reisten aus aller Welt in die Ägäis, um das hellenische Licht, das Spiel der Elemente und die Gastfreundschaft der Griechen kennenzulernen. Ich war zuvor schon einige Male in diesem Land gewesen, zuerst in der Abiturklasse, als wir die antiken Stätten besuchten, später mit meiner ersten Freundin. Das Land und seine Bewohner hatte ich stets durch die humanistische Brille gesehen, kein Wunder, nach sechs Jahren Altgriechisch. Ich bestaunte den Aphaia-Tempel auf Ägina, das antike Theater von Epidauros, liebte die Akropolis in Athen und war zu dieser Zeit der Verklärung sehr nahe. Dieser Zustand sollte sich steigern, als ich zum ersten Mal die heilige Insel Delos betrat, die Geburtsstätte von Apoll und seiner Zwillingsschwester Artemis. Hier tauchte ich völlig in die Antike ein und haderte mit der modernen Welt, die meiner Ansicht nach eine unheilvolle Entwicklung genommen hatte. Hinzukam, dass ich in der Autobiografie eines entfernten Verwandten, Rudolf Binding, eine Passage über Griechenland gelesen hatte, deren Inhalt ich genauso erlebt hatte wie er: »*Das Erlebnis des Lichts ist das höchste, das eindringlichste, das erfüllendste Griechen-*

lands. Ohne das Licht wäre Griechenland nicht: seine Kunst nicht, seine Götter nicht, seine Menschen nicht. Nur in diesem Licht waren sie einmal möglich. Es ist aber eigentlich kein Licht mit Eigenschaften des Lichts als vielmehr eine ungeheure Helligkeit. Kein Mensch könnte ihre Farbe nennen, und es ist ihr nicht um Töne zu tun. Sie eigentlich ist die Luft, in der die Dinge atmen. Sie blendet nicht, sie ist nur unfassbar hell. Sie schmeichelt nicht, beschönigt nicht. Sie will nur Klarheit, Bestimmtheit, Unerbittlichkeit der Form. Sie hasst Geheimnisse. Es ist, als ob das Land keine Falten hätte. Sie freut sich an nackten Leibern. Sie macht alles einfach, froh, selbstbewusst, eindeutig.«

Diese Nacktheit erlebte ich einige Zeit später auf Mykonos. Es kamen zu dieser Zeit auch viele junge Menschen aus Athen hierher, um nach den langen Jahren der Junta wieder Lebensfreude zu tanken. Und das geht unbekleidet nun einmal am besten. In diesem griechischen Licht lagen nun also die Nackten, und wenn sie Schatten suchten, dann fanden sie ihn am Elia-Strand unter einem riesigen Metallschild, auf dem in großen Lettern als Relikt der Militärregierung »Nudism prohibited by law« geschrieben stand. Genau hier ließen wir uns gerne nieder und genossen die Freiheit.

Insgesamt verbrachte ich (mit kleinen Unterbrechungen) vier Jahre auf dieser Insel, da ich überzeugt war, dass das, was sich hier ereignete, mustergültig für die gesamte Welt sein konnte. So traf man sich beispielsweise abends in einer der Tavernen, aß an einem einzigen Tisch mit mindestens zwanzig jungen Menschen aus aller Welt und unterhielt sich in einer Art Esperanto-Englisch. Grenzen waren völlig unbekannt, und die griechische Inselbevölkerung zeigte eine große Toleranz gegenüber den Fremden, die ihre Heimat nach und nach in Besitz zu nehmen schienen. Größer konnte

7:30 Die Minute Ihres Lebens

der Kontrast kaum sein: Hier alte, schwarz gekleidete Bäuerinnen, die auf Eseln oder Maultieren in die Stadt ritten, um ihre wenigen, dem kargen Boden abgerungenen landwirtschaftlichen Produkte zu verkaufen, dort ausgeflippte Zwanzig- bis Dreißigjährige, die nichts anderes im Sinn hatten, als ihrem eigenen künstlerischen Anspruch gerecht zu werden.

Einmal in der Woche am Samstag fand ein »weißes Fest« statt, an dem fast alle »Lebenskünstler« der Insel teilnahmen. Ort des Geschehens war das »Pierro's«, jene legendäre Bar des gleichnamigen italienischen Malers, der es geschafft hatte, diese Disco zum berühmtesten In-Platz des ganzen Mittelmeers zu machen. Zum weißen Fest kam also jeder umhüllt mit weißen Leinentüchern, sodass es den Anschein hatte, man befände sich in der Antike, wären da nicht die wilden Klänge gewesen, die aus dem »Pierro's« auf den davorliegenden Platz dröhnten. Man trank mit Eiswürfeln verdünnten griechischen Wein, tanzte, freute sich an bekannten Gesichtern des internationalen Jetsets wie Kaiserin Soraya und Arndt von Bohlen und Halbach und konnte sicher sein, die Nacht nicht allein verbringen zu müssen. Denn Mykonos war zu dieser Zeit auch ein Ort der freien Liebe, ein Experiment, das einige Jahre gut ging, bis der Massentourismus die Oberhand gewann. Doch zuvor war es offenbar so, als hätte der Welt-Eros sich diesen Platz ausgesucht, um zu zeigen, wie eine Menschen- und Völkerverständigung aussehen kann; wie die Liebe alle Grenzen zu überwinden und aus Feinden Freunde zu machen vermag.

Es ging hier nicht allein um Sex, sondern um wesentlich mehr: um die Einheit von Menschen, die eben durch Eros und Sexus am intensivsten zu erfahren ist. In diesem »Krieg der Liebe« lag die einzige Antwort auf Hass, Zerstörung und Feindschaft.

In der hier praktizierten Liebe wurde klar, was Menschen eigentlich wirklich brauchen: Nähe, Wärme, Zärtlichkeit, Sprengung der Grenzen durch Eros, Eintauchen in die göttlichen Gefilde durch körperliche Vereinigung. Hier auf diesem winzigen Eiland, inmitten der Ägäis, umgeben von der Geschichte der ersten Demokratie auf Erden, war der Welt-Eros zu sich gekommen. Jeder, der dies erleben durfte, war später einerseits darüber glücklich, dass er solches hatte erfahren können, andererseits entsetzt, dass sich dies in den Heimatländern nicht eins zu eins umsetzen ließ. Es war offenbar der *genius loci*, das Licht, die Wärme, das silberne Meer, die Schönheit der Architektur, die Einfachheit der Speisen und die Lebensfreude der Inselbewohner, die – zusammen genommen – jede Heuchelei zunichtemachten und uns das erleben ließen, wonach wir uns sehnten: jenes Glück, das nicht bei sich stehen bleibt, sondern mit seinen Strahlen auch die beleuchtet, die es noch nicht erfahren durften.

Obwohl ich in den Folgejahren alle Kontinente bereiste, habe ich nie wieder einen Ort gefunden, an dem das, was die Magie von Mykonos ausmachte, zu finden war. Und auf Mykonos selbst war dieser Zauber nach einigen Jahren, mit dem Einsetzen des Massentourismus, auch verschwunden. Die Unschuld, mit der die positiven Seiten des Menschseins hier gepflegt wurden, war dem Kommerz, der Schnelllebigkeit und dem Kalkül geopfert worden. Die Karawane der Bacchanten, die Mykonos entdeckt und erobert hatte, zog ebenfalls weiter, doch hat auch sie nie wieder ein Domizil dieser Art finden können.

Während ich über diese mich äußerst prägenden Jahre in Hellas reflektiere, merke ich, dass ich das, was ich damals erleben durfte, als Geschenk sehen muss. Diese Zeit prägte

7:30 Die Minute Ihres Lebens

mich wie keine andere, sie verstärkte mein Freiheitsverlangen und machte mir klar, dass die Liebe die einzige Kraft ist, die in der Lage sein kann, Rassismus und andere grausame Formen der menschlichen Hybris in ihre Schranken zu verweisen. Ich erkannte, dass alles ein Ende hat, auch Zeitströmungen dieser Qualität. Ich bin aber dankbar dafür, das Geschehen dort miterlebt zu haben, denn ich zehre noch heute davon. Gleichzeitig heißt das aber eben auch, dass man das *Carpe diem* erkennen muss, wenn es so weit ist, und dass man dabei auch das *Memento mori* mit einbeziehen muss. Ich bin sicher, dass viele Leser ebenfalls besondere Erlebnisse an anderen Orten hatten und dass sie nach wie vor davon schwärmen. Weshalb ist das so? Was veranlasst uns zu dieser Überbetonung von etwas, das längst vorbei ist und das wir vergebens suchen, obwohl wir ahnen, dass unsere Suche erfolglos sein wird?

Ich denke, es wird uns dadurch klar, dass ein Geschehen unweigerlich irgendwann einmal vorbei ist, eine Tatsache, die auch unser eigenes Leben betrifft. Wir können also in solchen Erlebnissen unser persönliches Ende vorwegnehmen. Und da wir von diesen Episoden zwar freudig, aber auch schmerzlich berichten, ist klar, wie wir zu unserem eigenen Abschied stehen. Es ist ohnedies sonderbar, dass unser Bewusstsein in der Lage ist, sich diesen vorzustellen, ohne dass wir Tag noch Stunde kennen. Aber allein die Tatsache, dass es geschehen wird, löst in uns einen Verdrängungsmechanismus aus. Aber gerade wegen des zu erwartenden Endes könnten wir unser Leben vollkommen anders gestalten, nämlich so, dass wir uns weniger Sorgen machten, anderen mehr Freude bereiteten und die uns Nahestehenden inniger liebten.

Wenn Eros der Gegenspieler von Thanatos (Tod) ist und diese beiden die größten Kräfte im menschlichen Sein darstellen, sollten wir überlegen, weshalb wir eigentlich so wenig von ihnen wissen und weshalb uns in der Schule so gut wie nichts über sie beigebracht wird. Nirgendwo können wir mehr über uns und über das Leben an sich lernen als in der Beschäftigung mit diesen Triebkräften. Sie beeinflussen unser gesamtes Sein. Alles, was wir unternehmen, um uns von ihnen abzulenken, verblasst angesichts der unendlichen Macht, die sie über uns haben. Immer wieder versuchen wir, ihnen zu entkommen, und scheint es uns gelungen, holen sie uns wieder ein. Wir vergessen sie, aber sie vergessen uns nie. Mykonos habe ich übrigens nie wieder besucht.

Blicke ich auf die Krisenherde der Welt in diesen Tagen, kann ich nur traurig darüber sein, dass diejenigen, die menschliche Tragödien eines solchen Ausmaßes verursachen, nicht ein paar Jahre oder Monate auf Mykonos zu jener Zeit verbracht haben. Sie würden heute gewiss anders handeln, da der Einfluss von Liebe und Schönheit, von Menschlichkeit und Wärme ihnen ganz andere Bilder und Auffassungen vom Leben vermittelt hätten. Das Ausüben politischer Macht, um andere zu unterdrücken oder seine Ziele zu erreichen, ist ohnedies ein sinnloses Unterfangen, da alles, was später Geschichte genannt wird, eben auch Geschichte sein wird. Das gilt für das Römische Reich genauso wie für jenes, welches tausend Jahre dauern sollte, es aber nur auf zwölf schlimme Jahre brachte. Nichts bleibt. Schon aus diesem Grund sind Siege nur von kurzer Dauer, da die Sieger von heute die Verlierer von morgen sein können. Ist es da nicht besser, seine Lebenskraft für das einzusetzen, was wirklich wichtig ist? Da Politik und Kirche derzeit aber immer weniger Antworten auf das haben, was die Menschen wirklich bewegt, ist der Anstieg spiritueller Heilslehren und -versprechungen nicht verwunderlich. Und dass sich die Menschen aus eben diesen das herausschneiden, was sie als das für sie Passendste ansehen, ist ebenfalls nachvollziehbar.

Die etablierten Religionen sehen diese synkretistische und eklektizistische Entwicklung natürlich mit Sorge und beklagen die *Verunreinigung der reinen Lehre*, wobei übersehen wird, dass die dem Absolutheitsanspruch entstammenden Aussagen über Jahrhunderte oder Jahrtausende hinweg ebenfalls einem Wandel unterworfen sind, da sich die Empfänger der Botschaften gleichfalls wandeln. So gesehen, ist ein gelegentliches Update auch der religiösen und spirituellen Botschaften sinnvoll, um die Software der sich verändert habenden Hardware anzupassen. Ohne diese Angleichung kann der Empfänger weder empfangen noch der Sender senden.Reformen sind also unumgänglich, wollen wir als Menschheit weiterhin bestehen, deren Grundeigenschaft ja Entwicklung heißt. Aber eine solche kann nicht stattfinden, wenn die geistigen Verhältnisse immer die gleichen bleiben.

Nun kann man natürlich meinen, dass schon alles gesagt sei. Das mag richtig sein, doch der Blickwinkel ändert sich ständig. Auch in der Kunst ist schon alles gesagt, und dennoch gibt es immer wieder Künstler, die es fertigbringen, mit ihren Arbeiten unser Herz zu öffnen und unsere Wahrnehmung zu erweitern. Für uns wäre eine neue Sichtweise dringend erforderlich, und sie könnte zum Beispiel auf dem Gebiet der Kosmologie stattfinden, da uns die Kenntnis über die Stellung von Mensch und Erde im Universum zu gänzlich neuen Einsichten über unser *hiesiges* Leben bringen würde. Auch wäre die Bedeutung der Liebe weiterzuerforschen ebenso wie das Thema Tod.

Ketzerisch möchte ich fragen: Würde uns die Beschäftigung mit den eben angeführten drei Feldern zu einem höheren Bewusstsein verhelfen oder nicht? Wenn ja, weshalb findet sie dann nicht statt? Vielleicht gibt es nicht genügend ausgebildete Lehrer hierfür. Es ginge nämlich dabei auch nicht um die Frage, was wir glauben sollen, sondern um das, was sich zum gegenwärtigen Zeitpunkt als gegeben feststellen lässt, woraus sich dann Verhaltensformen ableiten ließen, die spätestens dann, wenn es neue Erkenntnisse gibt, diesen angepasst würden. Die Computertechnik macht ja heute nichts anderes. So gesehen, ist der technische Fortschritt der menschlichen Entwicklung schon weit voraus, und man darf sich fragen, ob diese den Erstgenannten je einholen oder ob sich der Abstand immer mehr vergrößern wird, sodass sich in wenigen Jahren eine Technologie-Elite herausgebildet haben könnte, die mit dem Rest der Menschheit nichts anderes mehr verbindet als die körperlichen, aber eben nicht die geistigen Fähigkeiten.

Permanentes Lernen ist deshalb wichtig, weil unser Gehirn einem Schwamm gleicht, der ständig etwas aufsaugen möchte, damit er seiner Bestimmung gerecht wird. Gleichzeitig wäre eine gewisse Gelassenheit sinnvoll, um zu erkennen, womit wir die Zeit, die uns bleibt, ausfüllen sollen, damit sie als eine erfüllte erlebt wird. Eines Tages wird es nämlich zu spät sein, uns diese Frage zu stellen, es sei denn, wir schaffen es noch rechtzeitig, die *Kurve zu kriegen, das Steuer herumzureißen, das Gleis zu wechseln, die falsche Entwicklung in die richtige Bahn zu lenken*. Hierbei kann uns der Welt-Eros helfen, wenn wir geneigt sind, ihm in unserem Leben wieder die Geltung einzuräumen, die ihm gebührte, bevor er von falschen Religionen und der Kommerzialisierung des Lebens vertrieben wurde. Schließlich gibt es nichts Schöneres und Erfüllenderes als die (Wieder-)Vereinigung dessen, was zusammengehört.

Völkerverständigung und somit andauernder Friede gelingen dann, wenn die Menschen frei sind, das heißt nicht in

7:30 Die Minute Ihres Lebens

finanziellen, seelischen, körperlichen und anderen Abhängigkeiten zu wem auch immer stehen. Dann wird meine im 12. Kapitel aufgezeigte Formel Wirklichkeit: *Freiheit ist Frieden als Liebe.* Erst wenn dieser Zustand erreicht ist, kann man vom Paradies sprechen.

Aber ist es wirklich so schwer, dorthin zu gelangen? In meiner Wahrnehmung wäre es eigentlich ganz einfach. Die Kunst, diese Vorstellung auch zu verwirklichen, besteht eigentlich nur darin, das Geschenk des Seins zu empfangen im Verständnis dessen, was da auf mich zukommt.

Der Philosoph Ferdinand Ulrich sagte dazu in einer Vorlesung, dass die Wirklichkeit weiblicher werden muss, da sie ja selbst eine empfangende ist. Die Abwesenheit des Weiblichen erwirkt der Welt keinen Seinszuwachs, im Gegenteil. Daher müssen wir verstärkt daran arbeiten, Freiheit, Frieden und Liebe in unserem Dasein wieder die allerhöchste Priorität einzuräumen. Dann wird auch der Krieg keine Macht mehr über uns haben. Gott Eros hat ihn dorthin zurückgewiesen, wo er für immer bleiben möge: in den Hades der Geschichte. Mögen sich die Menschen eines Tages daran erinnern, dass es einst Krieg gab. Und mögen sie darüber lachen, wie ihre Vorfahren nur so dumm sein konnten, sich gegenseitig das Leben zu nehmen, anstatt dieses einmalige (!) Geschenk dankbar anzunehmen.

INSPIRATION 16

Welt-Eros bedeutet, dass die gesamte Welt auf einem erotischen Prinzip beruht. Die meisten Kosmogonien gehen von einer Vereinigung von Himmel und Erde aus, damit die Welt, in der wir leben, entstehen konnte. Und da auch der Mensch aus der Verbindung zweier Menschen entsteht, ist dieses Prinzip einerseits das Schönste, was es gibt, andererseits aber auch dasjenige, das am meisten für die Herrschaftsansprüche von Machthabern missbraucht wurde und wird, da diese erkannt haben, dass es keine gewaltigere Kraft gibt als die menschliche Sexualität und dass diese gebändigt gehört, will man seine Untertanen zügeln, damit sie nicht auf die Idee kommen, die Herrschenden anzugreifen. In der Demokratie hat sich hier freilich vieles verändert, dennoch darf auch hier nicht immer jeder so lieben, wie seine Natur es möchte. Eine gewisse Ordnung ist auch uns vorgeschrieben.

Wenn Sie mit Ihrem Partner schon länger zusammen sind, lohnt es sich, ihn einmal ganz neu zu entdecken, bevor der Alltag Ihre Beziehung zerstört. Lassen Sie sich ganz auf ihn ein, versuchen Sie, sein Innerstes zu ergründen, bleiben Sie nicht an der Oberfläche stecken. Die schönste Liebe findet in der gegenseitigen Hingabe statt. Sprechen Sie über Ihre Liebe, und nehmen Sie nichts als selbstverständlich. Erfinden Sie Rituale, die Sie aber absichtlich wieder durchbrechen können. Und vor allem: Zeigen Sie Ihrem Partner, dass es nichts gibt, was Ihre Einheit zerbrechen könnte. Sind Sie nicht mehr sicher, ob er der Richtige ist, wechseln Sie das Modell, bevor Sie sich (und ihn) durch Verdächtigungen, Reibereien und Anschuldigungen verletzen.

Gehen Sie am nächsten Morgen für 60 Sekunden in sich, und konzentrieren Sie sich ganz auf *Die Minute meines Lebens*, die nun folgt:

7:30 Die Minute Ihres Lebens

> ## DIE MINUTE
> ## MEINES LEBENS
>
> Ich liebe
> so innig und intensiv,
> wie es mir nur möglich ist.
> Im Ineinandersein
> finde ich
> höchste Erfüllung.

ÜBUNG

- Machen Sie in der Liebe etwas, was Sie bisher noch nicht gemacht haben oder was Sie sich nicht zu unternehmen trauten. Tun Sie dies gemeinsam mit Ihrem Partner oder allein. Sprengen Sie die Grenzen! Öffnen Sie sich dem Unbekannten! Verlassen Sie die eingefahrenen Wege! Experimentieren Sie! Sie werden bald merken, welche Freude Ihnen die Erweiterung Ihres Horizonts auch auf diesem Gebiet machen wird. Ich meine dies nicht unbedingt in Bezug auf Erotik und Sexualität, sondern ich möchte damit ausdrücken, dass Sie die eingefahrenen Bahnen und das immer wiederkehrende Einerlei in Ihrem beruflichen und privaten Leben mit etwas Kreativität und Vertrauen in sich selbst verlassen können, um andere Dimensionen ihres Hier- und Soseins zu erfahren.

- Sollten Sie dies nicht wünschen, versuchen Sie einfach, sich mit Ihrem Gegenüber intensiver als bisher zu beschäftigen. Legen Sie Ihren Egoismus ab, *und schenken Sie demjenigen Erfüllung, den Sie lieben.*

17

Am Anfang war, am Ende bleibt das Staunen

Die Suche nach dem Sinn des Lebens
führt zum Ausgangspunkt zurück

Jedes Nachdenken über *das Phänomen des Lebens und des Todes* beginnt mit einer einzigen Handlung: dem Staunen. Für die antiken Griechen war dies der Beginn der Philosophie, was wörtlich übersetzt nichts anderes als »Liebe zur Weisheit« bedeutet. Wir staunen, wenn wir auf die Welt kommen, wir staunen in unserer Jugend, wir staunen während unseres Erwachsenseins, und wir staunen, wenn das Ende nahe ist. Was bestaunen wir? Das Wunder des Lebens und das Mysterium des Todes. Wir stellen uns existentialistische Fragen, durch die wir diesem Wunder und Mysterium näherkommen wollen. Wir wissen allerdings, dass es keine endgültigen Antworten gibt, aber wir ahnen, dass wir uns der Lösung des Geheimnisses im Laufe der Menschheitsgeschichte Millimeter für Millimeter annähern. Manches Mal gelingen dabei sogar Quantensprünge.

Um das Rätsel des Menschseins zu klären, haben wir Religionen und Wissenschaften erfunden, die uns eine gewisse Struktur geben, damit wir nicht gänzlich haltlos die uns gegebenen Jahre verbringen müssen. Denn sie wären sinnlos, hätte wir nicht jene möglichen Antworten, nach denen wir unser Leben ausrichten, um einigermaßen gesittet das Zusammensein mit anderen gestalten zu können. Wir haben dafür Gebote und Gesetze, die zu überschreiten oder zu brechen nicht ratsam ist, denn wird man dabei ertappt, drohen Strafen, die niemand möchte. Zusätzlich zu den ewigen Gesetzen, wie sie zum Beispiel durch die *Zehn Gebote* überliefert sind, gibt es weitere Hilfsmittel, um in einer verrückten Welt den Sinn des Lebens zu erfahren. Die schönsten finden sich meiner Ansicht nach in den *Paradoxen Geboten*, die fälschlicherweise Mutter Teresa zugeschrieben wurden, in Wirklichkeit aber von Kent M. Keith stammen, einem auf Honolulu, Hawaii, lebenden Anwalt und Universitätspräsidenten, der weltweit mit Seminaren und Vorträgen unterwegs ist. Seine *Paradoxen Gebote* schrieb er im Alter von neunzehn Jahren. Erst dreißig Jahre danach kam er wieder mit ihnen in Berührung und musste erfahren, dass sie via Internet mittlerweile ihren Siegeszug um die Welt angetreten hatten, ohne dass ihr wahrer Verfasser bekannt gewesen wäre.

Ich möchte diese spirituellen Wahrheiten an dieser Stelle in meiner Übersetzung wiedergeben, weil sie so erfrischend die Problematik lösen, die uns Ethik und Moral aufgeben, und uns darüber hinaus zu einem Verhalten animieren, das mit Sicherheit erfüllender ist, als es jeder Egozentrismus je sein wird.

1. Die Menschen sind unvernünftig,
uneinsichtig und ichbezogen.
Liebe sie trotzdem.

2. Wenn du Gutes tust, wird man glauben,
du hättest Hintergedanken.
Tue trotzdem Gutes.

3. Bist du erfolgreich, wirst du falsche Freunde
und wahre Feinde haben.
Sei trotzdem erfolgreich.

7:30 Die Minute Ihres Lebens

4. Das Gute, das du heute tust,
wird morgen vergessen sein.
Tue trotzdem Gutes.

5. Aufrichtigkeit und Freimütigkeit machen
dich verwundbar.
Sei trotzdem aufrichtig und freimütig.

6. Die besten Ideen der großartigsten Männer
und Frauen können von den einfältigsten
Menschen zunichtegemacht werden.
Denke trotzdem in großen Dimensionen.

7. Die Menschen schenken Benachteiligten ihre
Sympathie, doch sie folgen nur den Gewinnern.
Kämpfe trotzdem für die Benachteiligten.

8. Was du jahrelang aufgebaut hast,
kann über Nacht zerstört werden.
Mache trotzdem weiter.

9. Viele Menschen brauchen tatsächlich Hilfe,
doch wenn du ihnen zur Seite stehst,
werden sie es dir übel nehmen.
Hilf ihnen trotzdem.

10. Gib der Welt dein Bestes,
und man wird dich vor den Kopf stoßen.
Gib der Welt trotzdem dein Bestes.

Als ich zum ersten Mal mit diesen Hinweisen auf ein paradoxes Verhalten, die Kent M. Keith unter dem Stichwort *Anyway* und in seinem gleichnamigen Buch zusammengefasst hat, in Berührung kam, war ich fasziniert (und bin es noch heute!). Ich hatte mich mit der gesamten abendländischen, morgenländischen und asiatischen Philosophie,

Am Anfang war, am Ende bleibt das Staunen – 17

Theologie, Literatur und Spiritualität beschäftigt und verspürte doch einen Mangel, der wohl daher rührte, dass alles, was ich in mich aufgesogen hatte, zwar unglaublich interessant war, mir aber kaum dabei half, ein erfülltes Leben zu führen – vor allem deshalb, weil mir die Diskrepanz zwischen dem, was propagiert wurde, und den daraus folgenden praktischen Anwendungen in den meisten Fällen zu groß schien. Hier nun stieß ich auf eine simple Darstellung der tatsächlichen Verhältnisse mit einer mehr als überraschenden Aufforderung. Gerade weil eben alles so ist, wie es ist, und speziell die Menschen so sind, wie sie sind, hat es keinen Sinn, große Änderungen im Weltgefüge herbeizuführen. Das Beste ist, sich paradox zu verhalten, also genau das Gegenteil von dem eigentlich Erwarteten zu tun. Gerade das nämlich kann beim Gegenüber eine Veränderung bewirken. Diese Vorgehensweise erinnerte mich sehr an das, was ich über die Zen-Philosophie erfahren hatte, oder an die Delphin-Strategien (Managementstrategien in chaotischen Systemen). Ich bemühe mich seitdem, diese paradoxen Gebote Bestandteil meines täglichen Lebens werden zu lassen. Das ist nicht einfach, wie man schnell verstehen wird, hat man sich erst einmal darauf eingelassen. Aber bald wird man erkennen, wie unglaublich befreiend eine solche Lebenshaltung ist und wie sich die eigene Haltung zu den Menschen und Dingen ändert, gerade wenn man davon ausgeht, dass unser Dasein nicht nur endlich, sondern auch äußerst zerbrechlich ist: Ein Windstoß genügt, um uns aus der Bahn zu werfen.

Das Staunen, das also den Beginn jedes Nachdenkens, jeder Philosophie darstellt, und das die alten Griechen als *thaumazein* bezeichnen, führt dazu, dass wir Verhaltensformen kreieren, um uns in einer Welt, die uns letztlich unverständ-

7:30 Die Minute Ihres Lebens

lich bleibt, zurechtzufinden. Diese Orientierung ist umso wichtiger, da im Bereich der Welterklärungsmodelle viele Konkurrenten anzutreffen sind, die natürlich alle davon überzeugt sind, die *Wahrheit* zu verkünden. Solange wir Kinder sind, können wir ganz frei über die Natur und ihre Wunder staunen. Doch bald kommen Eltern und Lehrer, um uns darüber aufzuklären, dass hinter all dem dieses und jenes steckt. Und der Zauber ist unwiederbringlich dahin. Nun stellt sich die Frage, ob wir uns zum Beispiel vom Nordlicht verzaubern lassen oder uns sagen, dass hier weder Zauber noch Magie im Spiel sind, sondern dass diese Himmelserscheinung durch das Aufeinandertreffen von Sonnenwind und Erdatmosphäre hervorgerufen wird. Ganz ähnlich können wir, wenn wir verliebt sind, uns den magischen Gefühlen hingeben, die dabei entstehen, oder wir können uns wissenschaftlich verhalten und sagen, dass hier nur ein durch Dopamin-, Oxytocin- und Serotoninausschüttung bedingter biochemischer Prozess in Gang gesetzt wurde, bei dem die Gene zudem »checken«, ob das Gegenüber zur Fortpflanzung tauglich sei.

Gibt es eine Möglichkeit, beide Sichtweisen zu vereinen, das heißt einerseits, sich sein Staunen zu behalten, andererseits aber die Wirklichkeit so, wie sie ist, sehen zu können? Vielleicht gibt die Bibel hierüber Auskunft. Im Matthäusevangelium steht die berühmte Aufforderung: »*Wenn ihr nicht umkehrt und werdet wie die Kinder, so werdet ihr nicht ins Himmelreich kommen*« (Matthäus, 18,3). Von einer »Umkehr« ist hier also die Rede, die offenbar dazu dient, das Kindliche, das Unschuldige, das Staunende in uns wiederzuentdecken. Es ist das, was wir auch am Ende unseres Lebens entdecken werden, nämlich dass alles nach wie vor ein großes Rätsel ist und wir trotz unseres ganzen erworbenen Wissens und all unserer gemachten Erfahrungen im Grunde genauso wenig wissen wie zuvor. Der einzige Unterschied zum Beginn unseres Daseins ist, dass wir nun viel weniger heiter, unbeschwert, offen als damals sind, sondern im Gegenteil: Wir haben uns oft in harte, unbeugsame, zynische, enttäuschte, unnachgiebige, starrköpfige, Trauer tragende Individuen verwandelt, die vom Leben enttäuscht sind. Eigentlich ist es sinnvoll, wenn wir dann die Erde verlassen, denn wozu sollte eine solche innere Haltung gut sein? Oder ist es vielleicht sogar das Gesetz des Lebens, dass wir, weil wir eben nicht geblieben sind, wie wir einst waren, sondern uns zu unserem Nachteil entwickelt haben, für immer gehen müssen, damit wir Platz für neue Wesen machen, welche die Welt freudig, beseelt und heiter umarmen können?

Ich wage es nicht, diese Frage zu beantworten, denn das hieße ja, dass Menschen, die bis ins hohe Alter freudig und gebend sind, der Unsterblichkeit sehr nahekommen. Wenn ich an die in Kapitel 4 vorgestellte Künstlerin Marylka Bender denke, die immerhin fast hundertundfünf Jahre alt wurde und für alle ein Vorbild an reifer Menschlichkeit, heiterer Gelassenheit und immerwährender Fürsorge war, dann möchte ich fast denken, dass dem so ist. Unser Denken und unser Handeln bestimmen eben nicht nur unseren Charakter, sondern auch unser Schicksal.

Eingangs erwähnte ich eine Klinik für psychosomatische Krankheiten, in der ich einen Vortrag hielt. Betritt man dieses in Oberstdorf im Allgäu gelegene Haus, trifft man unweigerlich auf einen Spiegel, in dem man sich von Kopf bis Fuß betrachten kann. Auf diesem Spiegel steht handgeschrieben folgender Satz: »*Hier siehst du den Menschen, der für dich verantwortlich ist.*« Ich zuckte zusammen, als ich dies das erste Mal las, denn mir wurde klar, dass wir geübte Meister darin sind, für alles, was uns an Negativem wider-

7:30 Die Minute Ihres Lebens

fährt, sofort einen Schuldigen auszumachen – die Lehrer, den Job, den Nachbarn, den Partner und andere mehr. Dass wir selbst der Grund für unser Glück oder Unglück sind, wollen wir nicht akzeptieren. Wenn wir zum Beispiel Ski fahren und in eine Lawine geraten, hat diese oder der nicht funktionierende Lawinenwarndienst natürlich die Schuld, aber gewiss nicht wir, die das Unglück durch unsere Unvorsichtigkeit ausgelöst haben. Und so ist es bei allem, das sich uns als Negativum in den Weg stellt und unsere Planung, unsere Träume und unsere Hoffnungen vereitelt – immer muss ein Schuldiger, ein Verantwortlicher dafür gefunden werden und wenn es nur die *Umstände an sich* sind. Wir selbst fühlen uns natürlich aller Verantwortung ledig und hoffen, dass wir *davonkommen*.

Der Ausweg aus diesem Verantwortungsdilemma findet sich in einer auf der stoischen Tradition beruhenden Aussage, die sich im Laufe der Geschichte zu einem Gebet gewandelt hat, dessen Urheberschaft umstritten ist. Es lautet:

> *Gott, gib mir die Gelassenheit,*
> *Dinge hinzunehmen, die ich nicht ändern kann.*
> *Gib mir den Mut, Dinge zu ändern, die ich*
> *ändern kann.*
> *Und gibt mir die Weisheit,*
> *das eine vom anderen zu unterscheiden.*

Grundlage für diese Weisheit bleibt immer das Staunen über die Wunder des Kosmos, der Welt, des Lebens, des Menschseins, der Natur bis in die allerkleinste Einheit. Dadurch können wir es schaffen, uns nicht verbiegen zu müssen, um Vorteile welcher Art auch immer zu erlangen, für die wir uns später schämen. Wir sind aufgerufen, wir selbst zu werden und zu bleiben, damit wir im Einklang mit uns selbst und allen anderen Wesen aus dieser Welt das machen, was sie auch ohne Menschen wäre: ein faszinierender Ort, an dem Leben möglich ist. Denken wir an all die Wesen zurück, die hier schon ihr Dasein verbracht haben, von den Dinosauriern bis hin zu den frühzeitlichen Amöben, so ist das Wunder, das uns umgibt, derart groß, dass es eigentlich nicht zu verstehen ist, weshalb wir stets gewillt sind, gerade das, was uns hier in seiner unumschränkten Schönheit begegnet, immer wieder zerstören zu wollen. Warum können wir uns nicht endlich dazu aufraffen, es dauerhaft zu lieben?

Nur in der Liebe kehren wir dorthin zurück, wo unser Ursprung ist.

Wir können staunen, wir dürfen staunen, wir sollen staunen. Staunend nehmen wir wahr, dass es uns, die Welt und den Kosmos gibt. Was wäre, wenn wir nicht mehr staunen könnten und für alles eine rationale Erklärung hätten? Die Wiederverzauberung der Welt ist die dringlichste Aufgabe, die uns im Zeitalter des Datenterrors bevorsteht. Das Paradies ist bedroht, aber nicht verloren.

Wenn wir wieder lernen, über die Wunder des Lebens zu staunen, können wir vielleicht sogar für immer dort bleiben und werden nicht mehr daraus vertrieben ...

Und noch eine Anmerkung: Stellen Sie sich vor, wir Menschen wären tatsächlich die einzige Lebensform im Universum. Es gäbe also keine Außerirdischen, keine fremden Wesen, die uns besuchen könnten, niemand, der da draußen ist. Wir wären tatsächlich ganz allein in kosmischer Kälte. Müssten wir unser Leben dann nicht noch mehr bestaunen, uns an ihm erfreuen und uns bemühen, es so gut und lange wie möglich zu erhalten, da es doch so einmalig ist? Müssten wir dann nicht auf der Stelle alle kriegerischen Handlungen

7:30 Die Minute Ihres Lebens

und privaten Zwistigkeiten einstellen? Eine sonderbare Annahme: Es gibt nur uns im All. Sonst nichts und niemanden – außer Billiarden von unbeseelten Sternen, Sonnen und Planeten. Und dazwischen »Menschheit« genannte humanoide Wesen, die seit ihrem Aufkommen nichts anderes im Sinn haben, als sich gegenseitig das Leben schwer zu machen oder einander zu töten. Wenn man darüber staunt, hat man den Weg zur Weisheit schon eingeschlagen …

INSPIRATION 17

Das Staunen ist es, was uns als Menschen ausmacht. Würden wir nicht staunen, könnten wir nichts über unser Sein und Wesen herausfinden, ebenso wenig wie über das Sein und Wesen dessen, was uns umgibt. Bei aller Begeisterung für unser Entdeckertum sollten wir das, was kindlich in uns ist, beibehalten, und eine Umkehr einleiten, um die einstige Unschuld wieder erfahren zu können. Nicht umsonst heißt es: *»Wenn ihr nicht werdet wie die Kinder …«*

Bleiben Sie, gerade wenn Sie Ihrem inneren Kind wieder begegnet sind, Ihren Prinzipien treu. Lassen Sie sich nicht manipulieren. Auch wenn Ihnen die Welt jeden Tag unverständlich vorkommt, gibt es überall einen roten Faden. Je länger Ihr Handeln rechtschaffen ist, umso mehr Freiheit werden Sie in sich entdecken.

Gehen Sie am nächsten Morgen für 60 Sekunden in sich, und konzentrieren Sie sich ganz auf *Die Minute meines Lebens*, die nun folgt:

DIE MINUTE MEINES LEBENS

Ich lasse mich
auf das Leben ein
und freue mich
an allem Neuem,
was mir begegnet.
Ich will meinen geistigen Horizont
ständig erweitern.

ÜBUNG

- Nehmen Sie sich einen Tag Zeit nur für sich. Wenn es örtlich möglich ist, besuchen Sie Orte Ihrer Kindheit. Kindergarten, Schulen, Spielplätze und anderes, auch die Häuser, in denen Sie einst mit Ihren Eltern und später alleine oder zu mehreren wohnten. Sollte dies aufgrund der Distanz nicht möglich sein, holen Sie sich einen Stadtplan und begeben sich in Gedanken an diese Orte. Verweilen Sie mindestens zwei Stunden in diesem Zustand.

- Welche Erinnerungen kehren zurück? Verharren Sie an der Stelle, wo Sie gerade sind. Was fällt Ihnen auf? Können Sie sich und die anderen Kinder sehen? Ihre Eltern, Großeltern, Lehrer? Ihre Mitschüler? Wen hatten Sie besonders gern? Erinnern Sie sich an die Gerüche von damals? Was lernen Sie? Fällt es Ihnen schwer oder leicht? Wie fühlen Sie sich, wenn Sie die Schule verlassen und

7:30 Die Minute Ihres Lebens

nach Hause kommen? Können Sie Ihr Kinderzimmer sehen? Was sagen Ihre Eltern? Lassen Sie alle Erinnerungen kommen und auch wieder gehen, ganz nach Belieben. Sie werden merken: Je tiefer Sie sich auf diese innere und äußere Erkundungstour einlassen, umso mehr wird Ihnen Ihr ureigenstes Wesen wieder vor Augen kommen.

- Am Ende des Tages (oder der beiden Stunden) treten Sie vor einen Spiegel und blicken sich an. Haben Sie den Menschen, der Sie einmal waren (und ja irgendwie immer noch sind) treffen können? Was hat er Ihnen gesagt? Sie können diese Begegnung mit Ihrem inneren Kind so oft herbeiführen, wie es Ihnen beliebt.

18

Die Zeit, die uns zum Leben bleibt III

Warum die Frucht keine Sünde ist

Nach christlicher Vorstellung ist das Essen vom Baum der Erkenntnis der Beginn des Sündenfalls, dem die Vertreibung aus dem Paradies folgt. Viele Jahrhunderte lang haben sich Wissenschaftler und Forscher jeder Coleur mit dem Sinngehalt dieser Geschichte befasst und unzählige Interpretationen davon abgeliefert, was Adam (griech. »der Unbesiegbare«) und Eva (griech. »die Gute«) als Stammeltern der Menschheit zu ihrer Tat bewogen hat und was das Ganze auf uns bezogen aussagen möchte. Astrologie und Numerologie wurden ebenfalls zur Deutung herangezogen sowie die Auslegungen im Judentum und im Islam.

Ich möchte dieser Geschichte keine weitere hinzufügen, sondern einen Satz von Walter Gunz, dem Gründer des Weltunternehmens *Media Markt,* anführen, den er bei einem gemeinsamen Gespräch über die »Ernte des Lebens« äußerte. »*Die Frucht ist keine Sünde*«, rief er beinahe beschwörend, und ich begriff, da ich mich damals schon mit der Spannung von *Carpe diem* und *Memento mori* beschäftigte, dass er recht hatte. Weshalb soll die Frucht auch eine Sünde sein, wo sie doch das Ergebnis langen Reifens darstellt? Warum ordnet man sie in diese Kategorie ein, obwohl ohne die Frucht nichts Neues nachkommen könnte? Ist die Frucht nicht Ausdruck des Schönsten und Besten, dessen wir teilhaftig werden können, und zwar egal auf

7:30 Die Minute Ihres Lebens

welchem Gebiet? Und heißt es nicht ebenfalls in der Bibel, dass der Mensch das ernten wird, was er gesät hat (Galater, 6,7)? Aber was kann er ernten? Doch nur die Frucht, die aus dem Samen hervorgegangen ist. Und das soll eine Sünde sein?

Nehmen wir an, ich säe Liebe und ernte einige Zeit später als Ergebnis meines Säens Liebe. Sünde?

Oder ich mache einen Obdachlosen glücklich, indem ich ihm Kleidung und Geld gebe. Er bedankt sich bei mir und schenkt mir eines Tages etwas, das er selbst hergestellt hat. Sünde?

Egal, welche Beispiele ich hier anführe, es wird immer darauf hinauslaufen, dass die Frucht eben keine Sünde, sondern vielmehr die Vollendung dessen ist, was wir im Laufe unseres Daseins geschaffen haben. Und damit sind wir wieder beim Grundthema dieses Buches angelangt. Erinnern Sie sich an die Geschichte von dem Granatapfel, die ich im Vorwort schilderte? Öffnen Sie diese wunderbare Frucht – und Sie werden beim Anblick ihres Inneren verstehen, was »Fülle des Lebens« bedeutet und weshalb es keine Sünde ist, sich mit dieser zu verbinden und sie zu *schmecken*. Lateinisch heißt schmecken *sapere*, dieses Wort ist verwandt mit *sapientia*, das wiederum »Weisheit« bedeutet. Daraus könnte man ableiten, dass weise ist, wer den Geschmack des Lebens kennt, ihn verinnerlicht und so lange wie möglich mit Genuss auf der Zunge zergehen lässt. Die Frucht *ist* die Fülle des Lebens.

Wir haben, sobald wir geboren sind, nur ein bestimmtes Quantum an Zeit zur Verfügung. Wir werden uns dessen aber erst bewusst, wenn der Abstieg beginnt oder wenn wir schon in frühen Jahren krank werden. Für das, was wir *Leben* nennen, ist uns nur ein einziger *Slot* gegeben – und dieses Zeitfenster schließt sich wieder, ohne dass wir wüssten, wann. So *bleibt* uns Zeit zum Leben, doch dieses *Bleiben* ist leider kein dauerhaftes, sondern ein sehr flüchtiges. Wann wollen wir die Frucht endlich essen? Und: Was sollen wir angesichts dieser Tatsache nun machen? Vielleicht dieses:

Im Jetzt leben, im Hier leben, nichts auf die Zukunft verschieben, das schöne Kleid sofort tragen und nicht erst bei einer besonderen Gelegenheit.

Das, was ist, intensiv und nicht oberflächlich betrachten und gegebenenfalls genießen.

In die Tiefe gehen, um nicht im seichten Wasser zu ertrinken, was leider auch möglich ist.

Dem Motto der Antigone folgen: »Nicht mitzuhassen, mitzulieben bin ich da!«

Alles, was schadet, sein lassen.

Auf die Zeichen achten.

Aus den Möglichkeiten das Beste machen.

Gelassen bleiben.

Der Mensch sein, der für sich verantwortlich ist.

Erspüren, was Leben bedeutet.

Keine Angst haben, vor nichts und niemandem.

Die richtigen Freunde finden.

Die Liebe leben – es gibt nichts Schöneres!

Im Augenblick verweilen.

Das Leben nicht verschlafen.

7:30 Die Minute Ihres Lebens

Den Tod nicht fürchten, sondern ihn als not-wendigen Partner (lat. pars = Teil) anerkennen.

Diese Liste selbstständig oder mit anderen zusammen weiterführen.

INSPIRATION 18

Ich bin für alles, was geschieht und das ich erleben darf, dankbar, denn ich weiß, dass es eine Zeit geben wird, in der dies nicht mehr so ist. Dieses Nie-mehr-nie-Wieder ängstigt mich aber nicht, im Gegenteil: Es ermöglicht mir zu erkennen, dass ich die mir gegebene Zeit sinnvoll nutzen muss. Was sinnvoll ist, entscheide ich. Auf jeden Fall weiß ich nun, dass das Leben an sich das Größte und Faszinierendste ist, was es gibt, und ich werde mich dafür einsetzen, dass andere dies auch so sehen. Dann können Krieg, Rassismus und alles sonstige Negative, das die Menschheit im Laufe ihrer verhängnisvollen Historie als Antileben geschaffen hat, endlich im Orkus der Geschichte versinken.

Es kann sein, dass man Ihnen sagt, Sie sollten auf die Frucht, die ohne Sie nicht existieren würde, verzichten. Tun Sie es nicht, denn darin liegt kein Fortschritt. Genießen Sie das von Ihnen Geschaffene, fürchten Sie höchstens den Stillstand. Gehen Sie in sich, und denken Sie darüber nach, was Sie als Nächstes kreieren könnten. Wenn dies gemeinsam mit anderen geschieht, umso besser. Leben Sie Ihr Potenzial! Lassen Sie es sich von niemandem wegnehmen! Glauben Sie an sich – dann wird alles besser!

Gehen Sie am nächsten Morgen für 60 Sekunden in sich, und konzentrieren Sie sich ganz auf *Die Minute meines Lebens*, die nun folgt:

DIE MINUTE MEINES LEBENS

Ich bin stolz auf das,
was ich erreicht habe,
und lasse andere
daran teilhaben.
Dies macht mich glücklich.

ÜBUNG

- Machen Sie dieselbe Übung, wie sie bei der INSPIRATION 1 zu finden ist. Nun verstehen Sie auch, weshalb ich diese Anregungen so genannt habe. *Inspirare* stammt aus dem Lateinischen und bedeutet »einatmen«.
Und da Leben immer mit
dem Atmen identisch ist,
hoffe ich, dass Sie noch
sehr, sehr viele Atemzüge
machen werden,
in denen sich Ihnen
die Schönheit dieser Welt
und der Wert Ihres
Lebens offenbaren …

7:30 Die Minute Ihres Lebens

Wenn Sie das, was ich in der Einführung empfahl, bis zu diesem Augenblick durchgehalten haben, so werden Sie feststellen, dass sich Ihr Leben verändert hat. Sie sind in geistigen Räumen unterwegs gewesen, in denen Sie erleben konnten, dass es außer den gewohnten auch noch ganz andere Blickweisen auf sich selbst und die Welt gibt.

Ich hoffe, dass Sie nunmehr die Zeit, die Ihnen zum Leben bleibt, als eine verstehen, um deren Flüchtigkeit Sie zwar wissen, deretwegen Sie aber nicht in Trauer verfallen. Ich wünsche mir, dass Sie jeden Tag so erfahren, dass Sie in und mit ihm die Magie, das Geheimnis, die Schönheit des Augenblicks sowie all die Möglichkeiten, die Ihnen das Leben bietet, entdecken. Damit finden Sie letztlich zu sich selbst und erfahren Ihr Glück, Ihre Freiheit, Ihre Liebe.

NACHWORT

Kleopatra und der Mond

Als ich vor einigen Jahren in Rom und anderen italienischen Städten für den deutsch-französischen TV-Sender arte eine Dokumentation über den heidnischen Einfluss auf den Geist der Renaissance drehte, kam eines Abends der arte-Beauftragte von Radio Bremen zu mir und deutete mit seiner Hand auf den Vollmond, der gerade eben die Kirche *St. Maria in Trastevere* und den Platz davor beleuchtete. »Diesen Mond hat Kleopatra auch schon bestaunt, als sie in Rom weilte«, flüsterte er ehrfürchtig. »Und jetzt tun wir es«, ergänzte ich ebenso respektvoll.

Mit dieser kleinen Geschichte möchte ich sagen, dass wir immer eine Minute oder 60 Sekunden zur Verfügung haben, um uns – jenseits der Anforderungen des Alltags – mit der Magie des Lebens und der Welt zu verbinden. Es ist ganz einfach, wir bedürfen keiner komplizierten Meditationsübungen, keines jahrelangen Studiums, keiner fremden Hilfe von außen. Ein kurzes In-sich-Gehen, ein Verweilen im Jetzt, ein flüchtiger Ausstieg aus dem Gewohnten reichen schon, um durch diese *Minute meines Lebens* eine Veränderung zu verspüren, die glücklich macht. Es ist das Sich-Einlassen auf etwas, das größer als man selbst ist und von dem wir nicht wissen, was oder wer es ist, noch, woher es kommt oder wohin es gehen wird. Wir wissen nur, dass es da ist und wir die Möglichkeit haben, innerhalb der Zeit, die uns bleibt, es immer und immer wieder zu erfahren, ohne dass wir dafür

7:30 Die Minute Ihres Lebens

irgendetwas bezahlen müssten. Die Magie des Lebens ist gratis ebenso wie die der Liebe. Und haben die beiden nicht irgendetwas miteinander zu tun?

Freuen Sie sich also an dem, was ist, und an der Tatsache, dass Sie sind. Und wenn Sie wieder einmal den Vollmond betrachten, stellen Sie sich vor, wie Kleopatra das tat. Vielleicht erlebte sie ja danach mit ihrem Caesar eine ganz besondere *Stunde* ihres Lebens ...

ANHANG

18 Affirmationen für
Die Minute meines Lebens

1. Ich bin ein Teil von allem. Alles ist in mir. Ich bin positiv gestimmt. Ich entdecke die Fülle des Lebens und die Lust am Hiersein neu.

2. Ich finde Frieden in mir, weil ich begonnen habe, mehr auf die Bedürfnisse anderer zu achten, anstatt ausschließlich meine Ansichten für wichtig zu halten.

3. Ich erkenne, dass alles dem Wandel unterliegt, und empfinde dies als Befreiung von dem, was mir Fesseln auferlegen will. Ich entdecke eine nicht für möglich gehaltene Freiheit in mir. Leichtigkeit erobert mein Herz. Ich bin glücklich.

4. Ich kann gelassen sein, weil ich das, was mich bedrängt, gehen lasse, um wieder ich selbst zu werden.

5. Gerade weil alles begrenzt ist, das Äußere wie das Innere, will ich mich bemühen, es nicht zu vergeuden und ihm gemeinsam mit anderen besondere Achtung zuteilwerden zu lassen.

6. Das Leben ist großartig! Ich bin froh, dass es mich gibt.

7. Ich bin mit allem, das ist, verbunden, und will von nun an Mitgeschöpflichkeit in meinem Leben walten lassen. Ich hoffe, dass sich dadurch gegenseitiges Verständnis ausbreitet, dessen Ziel überall ein dauerhafter Frieden ist.

8. Ich gestalte ab sofort alle meine Handlungen ruhig und überlegt. Ich lasse mich nicht länger von der Hektik

der Zeit bestimmen, sondern finde den mir gemäßen Rhythmus.

9. Ich weiß, dass alles vergehen wird, aber das macht mich nicht traurig. Im Gegenteil: Aufgrund der Begrenztheit von allem kann ich die Fülle des Lebens überhaupt erst wahrnehmen und mir Gedanken darüber machen, woher all dies stammt.

10. Ich begreife, dass ich einzigartig bin und mein Wert nur in mir selbst liegt.

11. Ich bin der Mensch, der ich bin, aber auch der, der ich sein kann. Ich habe unendlich viele Möglichkeiten, mein Leben erfüllend zu gestalten.

12. Ich (er)finde mich neu und trete aus mir heraus. Ich bin frei für mich, ich erfahre Frieden, ich lebe Liebe.

13. Ich bin im Jetzt, im Heute, tief verwurzelt. Dadurch schaffe ich es, sowohl ganz bei mir als auch ganz beim anderen zu sein – und beiden Gutes zu tun.

14. Ich habe die Geduld, zuzuhören, jedem anderen, aber auch mir selbst. Wenn ich zuhöre, öffnet sich mein Herz.

15. Ich feiere das Leben, denn ich weiß, dass mich der Tod jederzeit ereilen kann. Ich bin für alles, das ich erfahren darf, dankbar.

16. Ich liebe so innig und intensiv, wie es mir nur möglich ist. Im Ineinandersein finde ich höchste Erfüllung.

17. Ich lasse mich auf das Leben ein und freue mich an allem Neuen, was mir begegnet. Ich will meinen geistigen Horizont ständig erweitern.

18. Ich bin stolz auf das, was ich erreicht habe, und lasse andere daran teilhaben. Dies macht mich glücklich.

Dies also sind die 18 inspirierenden, wertvollen Affirmationen, die Ihnen helfen werden, Ihr Dasein von nun an positiv zu gestalten. Vielleicht wollen Sie die beiden Seiten kopieren und mit sich tragen? Dann können Sie sich in die INSPIRATIONEN vertiefen, wann immer Sie möchten oder wo auch immer Sie gerade sind.

Ich hoffe, dass ich Ihnen mit meinem Buch dabei habe helfen können, Ihren Blickwinkel auf das zu richten, was wirklich wichtig ist: auf jene Werte, denen wir besonders dann folgen können, wenn wir erkannt haben, dass wir das, was ist, er-fahren sollen, um unser Leben zu er-füllen.

Ich wünsche Ihnen auf Ihrem Weg viele Gleichgesinnte, denn Sie sind zwar auch allein gut, aber gemeinsam sind Sie besser!

Deshalb wünsche ich Ihnen nur das Beste ... Bleiben Sie staunend!

Alles ist schön!

Ihr
Hans Christian Meiser

PS: Noch ein kleiner Hinweis auf Ihrem Weg zur Erfüllung:

Üben Sie sich im Glückwärtsgehen ...

Helen Macdonald

H wie Habicht

Aus dem Englischen von
Ulrike Kretschmer.
Gebunden mit Schutzumschlag.
Auch als E-Book erhältlich.
www.allegria-verlag.de

***#1 in Großbritannien * SPIEGEL Bestseller*all**

Schon als Kind beschloss Helen Macdonald, Falknerin zu werden. Ihr Vater unterstützte sie in dieser ungewöhnlichen Leidenschaft, er lehrte sie Geduld und Selbstvertrauen und blieb eine wichtige Bezugsperson in ihrem Leben. Als er stirbt, setzt sich ein Gedanke in Helens Kopf fest: Sie muss ihren eigenen Habicht abrichten. Sie ersteht einen der beeindruckenden Vögel, ein Habichtweibchen, das sie auf den Namen Mabel tauft, und begibt sich auf die abenteuerliche Reise, das wilde Tier zu zähmen.

»Ein Buch von geradezu hypnotischer Wirkung. Macdonald ist eine herausragende Literatin, die in der Kunst der Naturbeschreibung sämtliche zeitgenössischen Autoren übertrifft.«
Sunday Express

Die eine Minute, die Ihr Leben positiv verändert

Hans Christian Meiser   *7:30 Uhr – Die Minute Ihres Lebens*
Autorenlesung mit Musik   Laufzeit: ca. 2 Stunden, 20 Minuten (2 CDs)
€ 14,95   ISBN 978-3-8398-8107-1

*»Wenn Sie die Impulse, die Sie in diesem Hörbuch finden,
nachvollzogen haben, werden Sie eine innere Erneuerung feststellen.
Sie werden sich reifer, überlegener, klarer fühlen und
Probleme anders angehen als zuvor.«*   HANS CHRISTIAN MEISER

www.argon-verlag.de